मेल-मिलाप

केरल विश्वविद्यालय, केरल के स्नातक स्तर, चतुर्थ वर्ष,
प्रथम सेमेस्टर के लिए पाठ्यपुस्तक

मेल-मिलाप

केरल विश्वविद्यालय, केरल के स्नातक स्तर, चतुर्थ वर्ष,
प्रथम सेमेस्टर के लिए पाठ्यपुस्तक

सम्पादक

डॉ. स्मिता आर.नायर

डॉ. बिन्दुकला पी.एन.

डॉ. जयश्री एस.टी.

डॉ. मंजु के.एन.

वाणी प्रकाशन

प्रकाशन के उत्कृष्टतम 61 वर्ष

vaniprakashan.com

पहला संस्करण : 2024

वाणी प्रकाशन

4695, 21-ए, दरियागंज, नयी दिल्ली-110 002

फ़ोन : + 91 11 23273167, 23275710

शाखाएँ

अशोक राजपथ, पटना-800 004, बिहार

कॉफ़ी हाउस कैम्पस, महात्मा गांधी मार्ग, प्रयागराज-211 001, उत्तर प्रदेश

महात्मा गांधी अन्तरराष्ट्रीय हिन्दी विश्वविद्यालय, वर्धा-442 001, महाराष्ट्र

36/ए, शेक्सपियर सरणी, रानी बिरला गर्ल्स कॉलेज के पास, कोलकाता-700 017, प. बंगाल

sales@vaniprakashan.in

vaniprakashan@gmail.com

Mel-Milap

Edited by Dr. Smitha R. Nair, Dr. Bindukala P.N.
Dr. Jayasree S.T., Dr. Manju K.N.

ISBN : 978-93-6287-504-4

मूल्य : ₹ 75

आर. टेक ऑफ़सेट प्रिंटर्स, दिल्ली-110032 में मुद्रित

वाणी प्रकाशन का लोगो मक़बूल फ़िदा हुसेन की कूची से

अनुक्रम

भाग-I

हिन्दी भाषा का सामान्य परिचय

भाषा संस्कृति का दर्पण है। हिन्दी भाषा प्रारम्भ से लेकर एक गतिशील संस्कृति को प्रतिबिम्बित करती है। हिन्दी भारत की सांस्कृतिक एकता को बनाए रखकर भौगोलिक विविधतावाले राष्ट्र को अखंडित किया। इसी कारण हिन्दी भारत एवं विश्व के अधिकांश भागों में बोली जानेवाली भाषा बन गई है। हिन्दी भारत की राजभाषा है। भाषा परिवार के आधार पर हिन्दी भारोपीय परिवार की है। हिन्दी भाषा के विकास के अनेक चरण रहे है और प्रत्येक चरण में इसका स्वरूप विकसित हुआ है। वैदिक संस्कृत, संस्कृत, पालि, प्राकृत, अपभ्रंश और उसके बाद विकसित उपभाषाओं और बोलियों से ही हिन्दी का वर्तमान रूप प्रकट हुआ है ।

किसी भी भाषा का स्वरूप एक निश्चित तिथि में नहीं गढा जाता। भाषा सतत विकसित होनेवाली प्रक्रिया है। भाषा सदैव कठिनता से सरलता की और गतिमान रहती है। साथ ही दूसरी भाषा के सम्पर्क से स्वयं को पुष्पित पल्लवित भी करती है। भाषिक संरचना के क्रम में आगत शब्दों की ग्राह्यता नित नवीन शब्द निर्माण की प्रक्रिया में सहायक होती है। हिन्दी भी इसी प्रक्रिया से गुजरती हुई यहाँ तक पहुँची है, और हिन्दी की यात्रा अब भी जारी है। हिन्दी का वर्तमान स्वरूप यानि खड़ीबोली उन्नीसवीं शताब्दी से शुरू हुआ। उसके प्रयोग और मानकीकरण के प्रयास बाद में हुए, जिसे मानक हिन्दी कहा जाता है, उसकी लिपि देवनागरी है। इसे नागरी के नाम से भी जाना जाता है। देवनागरी में 11 स्वर और 33 व्यंजन हैं। इसे बाई से दाईं ओर लिखा जाता है। हिन्दी में संस्कृत के मूल शब्दों के साथ अरबी, फारसी, तुर्की, पुर्तुगीस फ्रांसीसी एवं द्रविड भाषाओं के संगम है।

हिन्दी भाषा का इतिहास लगभग एक हजार वर्ष पुराना माना गया है। हिन्दी भाषा के विकास में सन् 1800 में अंग्रेज़ों द्वारा कलकत्ता में स्थापित फोर्ट विलियम कॉलेज का अहम योगदान है। कॉलेज के हिन्दुस्तानी विभाग में पहली बार हिन्दी में अच्छे अनुवाद किये गए जिससे हिन्दी गद्य का स्वरूप बनने लगे। इसके बाद हिन्दी

प्रेमियों में अपने देश के लिए एक उच्च कोटि की भावना जागी। भिन्न-भिन्न भाषा -भाषियों के मध्य परस्पर विचार-विनिमय का माध्यम बनने वाली भाषा को सम्पर्क भाषा कहा जाता है। सम्पूर्ण भारतवर्ष में बोली और समझी जानेवाली देशभाषा हिन्दी है। यह राजभाषा भी है तथा सारे देश को जोड़ने वाली सम्पर्क भाषा भी ।

वर्णमाला

वर्ण उस मूल ध्वनि अथवा उसके चिह्न को कहते हैं जिसके और टुकड़े न हो सकें। जैसे अ, उ, च्, आदि। भाषा का मुख्य आधार शब्द हैं। शब्द कई ध्वनियों से मिलकर बनते हैं। 'सीना' शब्द है, इसमें दो मुख्य ध्वनियाँ हैं, 'सी' और 'ना'। इनका विश्लेषण करें तो पता लगेगा कि 'सी' में 'स्' और 'ई' दो ध्वनियाँ हैं। 'ना' या 'न्' और 'आ' ध्वनियों से बना है। इन स्, ई, न् और आ ध्वनियों के और विभाग नहीं हो सकते। अत: इन मूल ध्वनियों तथा इनके प्रतिनिधि चिह्नों को 'वर्ण' कहेंगे।

किसी भाषा में प्रयुक्त होने वाले वर्णों के समुदाय को उस भाषा की वर्णमाला कहते हैं।

हिन्दी वर्णमाला में कुल 44 वर्ण हैं।

अ, आ, इ, ई, उ, ऊ, ऋ, ए, ऐ, ओ, औ ।

क, ख, ग, घ, ङ। च, छ, ज, झ, ञ।

ट, ठ, ड, ढ, ण । त, थ, द, ध, न।

प, फ, ब, भ, म ।

य, र, ल, व, श, ष, स, ह।

हिन्दी में तीन और वर्ण भी हैं–क्ष, त्र, ज्ञ पर ये संयुक्त अक्षर हैं और इनकी ध्वनियों के अलग-अलग टुकड़े हो जाते हैं–जैसे क्ष=क्+ष। त्र=त्+र। ज्ञ=ज+ञ। अत: इनकी गिनती वर्णों में नहीं हो सकती।

संस्कृत की इस वर्णमाला के अतिरिक्त हिन्दी में कुछ नई विकसित ध्वनियाँ भी हैं, जिनको निम्नलिखित अक्षरों के नीचे बिन्दी लगाकर सूचित किया जाता है।

ड़ ढ़ क़ ख़ ग़ ज़ फ़

इसमें ड़ और ढ़ हिन्दी की अपनी ध्वनियाँ हैं और इनका तो बहुत प्रचलन है। यहाँ तक कि संस्कृत के पीड़ा और क्रीड़ा आदि शब्दों का भी हिन्दी में पीड़ा और

क्रीड़ा उच्चारण ही होता है। शेष ध्वनियाँ फारसी और अंग्रेजी आदि विदेशी भाषाओं के क़लम, ख़लक, ग़ायब, ज़ुल्म, ज़िक्र, फ़रमान, जैसे शब्दों के शुद्ध उच्चारण बताने के लिए बनाई गई हैं। आ और ओ के बीच की ध्वनि को सूचित करने के लिए आ पर चिह्न लगाकर 'ऑ' बनाते हैं और फारसी के 'अ' की ध्वनि बताने के लिए अ के नीचे बिन्दी लगाते हैं–जैसे हॉस्पिटल, कॉलेज, मअ़लूम।

वर्णों के दो भेद हैं–स्वर और व्यंजन। स्वर और वर्ण वही कहलाते हैं जिनका उच्चारण अपने आप स्वतन्त्रतापूर्वक होता है और जो किसी व्यंजन के उच्चारण में सहायक होते हैं। वर्णमाला में पहले 11 वर्ण स्वर हैं।

व्यंजन वे हैं जो स्वरों की सहायता के बिना नहीं बोले जा सकते। वर्ण-माला के क से ह तक तैंतीस वर्ण व्यंजन कहलाते हैं। जब किसी व्यंजन को बिना स्वर के दिखलाना हो तो उसके नीचे तिरछी लकीर (्) लगा दी जाती है। इसे हल् कहते हैं। जैसे– क्, म्, च् ।

उपर्युक्त 44 वर्णों के अतिरिक्त दो ध्वनियाँ और हैं–अनुस्वार (ं) और विसर्ग (:) । हिन्दी वर्णमाला में ये ध्वनियाँ अं, अः के रूप में स्वरों के साथ ही दिखाई जाती हैं। पर हिन्दी के वैयाकरण इनकी गिनती व्यंजनों में करते हैं, क्योंकि ये भी अन्य व्यंजनों के समान स्वरों की सहायता से ही बोले जाते हैं और प्रायः देखा जाता है कि ङ्, ञ, ण्, न्, म् इन व्यंजनों का रूप धारण कर लेता है और विसर्ग, श्, ष्, स् और र् का जैसे– अंग अङ्ग; पंच पञ्च; पंडित पण्डित; अंधा अन्धा; संमेलन सम्मेलन; दुःसाहस दुस्साहस आदि। इस तरह वे 35 व्यंजन मानते हैं।

अनुस्वार से मिलता-जुलता एक और भी चिह्न है जो चन्द्र बिन्दु (ँ) कहलाता है। इसके और अनुस्वार के उच्चारण में भेद है। अनुस्वार के उच्चारण में श्वास केवल नासिका से निकलता है पर चन्द्रबिन्दु के उच्चारण में मुख और नासिका से एक-साथ निकलता है। सारांश यह कि अनुस्वार तीव्र और चन्द्रबिन्दु धीमी ध्वनि है, जैसे–अंधा, आँचल, हंस, हँसना ।

स्वरों के भेद

हिन्दी वर्णमाला के प्रथम 11 वर्ण स्वर कहलाते हैं। उत्पत्ति की दृष्टि से इन स्वरों के दो भेद किये गये हैं–मूल स्वर और सन्धि स्वर।

मूल स्वर वे हैं जिनकी उत्पत्ति किसी दूसरे स्वर से नहीं होती। इन्हें ह्रस्व स्वर भी कहा जाता है। ये कुल चार हैं–अ, इ, उ, ऋ।

सन्धि स्वर वे हैं जो मूल स्वरों के मेल से बनते हैं। ये कुल सात हैं–आ, ई, ऊ, ए, ओ और औ।

इन सन्धि स्वरों के भी उत्पत्ति की दृष्टि से दो और उपभेद किये जाते हैं- दीर्घ स्वर और संयुक्त स्वर ।

किसी मूल स्वर में उसी स्वर को मिलाने से जो स्वर उत्पन्न होता है वह दीर्घ स्वर कहलाता है और भिन्न-भिन्न स्वरों के मेल से जो स्वर बनता है, वह संयुक्त स्वर कहलाता है। आ (अ+अ), ई (इ+इ), ऊ (उ+उ) दीर्घ स्वर हैं और ए (अ+इ), ओ(अ+उ), ऐ(अ+ए), औ (अ+ओ) संयुक्त स्वर हैं। नीचे दिया हुआ चित्र स्वरों के भेदों को पूर्णतया व्यक्त करता है।

स्वर

मूल स्वर — अ, इ, उ, ऋ

सन्धि स्वर

दीर्घ स्वर — आ, ई, ऊ

संयुक्त स्वर — ए, ऐ, ओ, औ

उच्चारण के काल-मान को ध्यान में रखकर स्वरों के दो भेद किये जाते हैं–लघु और गुरु।

मूल स्वर के उच्चारण में जितना समय लगता है उसके मान या परिणाम को मात्रा[1] कहते हैं। जिस स्वर के उच्चारण में एक-मात्रा समय लगता है उसे एकमात्रिक या लघु कहते हैं और जिस स्वर के उच्चारण में दो-मात्रा समय लगता है उसे द्विमात्रिक या गुरु कहा जाता है। सब मूल स्वर (अ, इ, उ, ऋ) एकमात्रिक या लघु हैं और सब सन्धि स्वर (आ, ई, ऊ, ए, ऐ, ओ, औ) द्विमात्रिक या गुरु।

उच्चारण की दृष्टि से स्वरों का एक और भेद भी किया जाता है, इसे प्लुत कहते हैं। इसका प्रयोग प्राय: संस्कृत में ही पाया जाता है। जिन स्वरों के उच्चारण में तीन मात्रा का समय लग जाता है; उसे हम त्रिमात्रिक या प्लुत कहते हैं। जैसे- अरे माधो 3, हाय रे 3!

उच्चारण के अनुसार स्वरों के भेद और भी किये जाते हैं। सानुनासिक और निरनुनासिक।

जब स्वरों का उच्चारण मुख और नासिका से किया जाता है तब स्वर सानुनासिक और जब केवल मुख से होता है तब निरनुनासिक कहते हैं। जैसे "मैं" को प्राय:

"मैं" ही प्रदर्शित किया जाता है। सानुनासिक को आनुनासिक भी कह देते हैं।

व्यंजनों का वर्गीकरण

व्यंजनों को मुख्यत: तीन श्रेणियों में बाँटा गया है–स्पर्श, अन्त:स्थ और ऊष्म।

क से लेकर म तक के 25 वर्ण स्पर्श कहते हैं। ये फिर पाँच-पाँच की टुकड़ियों में विभक्त हैं। इन टुकड़ियों को वर्ग कहते हैं। वर्ग के पहले अक्षर के अनुसार वर्गों के नाम रखे गये हैं। जैसे-

क	ख	ग	घ	ङ	कवर्ग
च	छ	ज	झ	ज	चवर्ग
ट	ठ	ड	ढ	ण	टवर्ग
त	थ	द	ध	न	तवर्ग
प	फ	ब	भ	म	पवर्ग

य र ल व ये चार अन्त:स्थ हैं। ये चारों वर्ण स्वरों से बहुत कुछ मिलते हैं। इ के बाद अ आ जाने से उसका उच्चारण य, उ के बाद 'अ' आ जाने से उसका उच्चारण व, तथा ॠ के बाद 'अ' आ जाने से उनका उच्चारण र हो जाता है। इसी कारण अन्त:स्थों को अर्धस्वर भी कहते हैं। श ष स ह ये चार वर्ण ऊष्म हैं।

---

1. व्यंजनों में मिलने से बदल कर स्वर का जो रूप हो जाता है, उसे भी मात्रा कहते हैं।

देवनागरी लिपि और उसका उच्चारण

वर्ग-विन्यास अथवा वर्णों के लिखने की प्रणाली को लिपि कहते हैं। भाषाओं की तरह लिपियाँ भी अनेक हैं। किन्तु देवनागरी लिपि का स्थान सर्वोपरि है। लिखने के अतिरिक्त छपाई में तो प्राय: एकमात्र इसी लिपि का व्यवहार होता है।

इस लिपि का नाम देवनागरी लिपि क्यों पड़ा, इस विषय में बहुत मतभेद है। कुछ विद्वान इसका सम्बन्ध 'नागर' ब्राह्मणों से लगाते हैं। अर्थात् नागर ब्राह्मणों में प्रचलित लिपि नागरी कहलाई। कुछ 'नागर' शब्द से सम्बन्ध जोड़कर इसका अर्थ 'नागरी' अर्थात् नगरों में प्रचलित लिपि लगाते हैं। एक मत यह भी है कि तांत्रिक मंत्रों में कुछ चिह्न बनते थे जो देवनागर कहलाते थे। इन चिह्नों से मिलते-जुलते अक्षरों के कारण वह नाम इस लिपि के साथ सम्बद्ध हो गया। पर इस लिपि का नागरी नाम पड़ने का वास्तविक कारण आज तक अनिश्चित है।

देवनागरी लिपि में वर्णों का उच्चारण और नाम तुल्य होने के कारण जब उनका नाम लेने का काम पड़ता है तब अक्षरों के साथ कार जोड़कर उनका नाम सूचित करते हैं। जैसे–अकार और मकार से क्रमश: 'अ' और 'म' का बोध होता है। 'र्' को 'रेफ' भी कहते हैं।

किसी भी साधारण लिपि को 'आदर्श लिपि' बनने के लिए जो गुण होने चाहिए, वह यह है कि लिपि में अक्षरों के नाम और उच्चारण समान तथा अभिन्न होने चाहिए। उदाहरण-स्वरूप देवनागरी लिपि में क, ख, ग, घ आदि का नाम और उच्चारण समान है। आदर्श लिपि-लेखन की दृष्टि से सरल होनी चाहिए। प्रत्येक मौलिक उच्चारण के लिए विशिष्ट अक्षर अथवा लिपि-चिह्न होना चाहिए। आदर्श लिपि सीखने में सरल व सहज होनी चाहिए। आदर्श लिपि में उच्चारण के लिए एक ही लिपि-चिह्न होना चाहिए। देवनागरी लिपि इस दृष्टि से अधिक वैज्ञानिक है। आदर्श लिपि में कम अक्षर होने चाहिए और वह भाषा को अभिव्यक्त करने में बिल्कुल सशक्त होना चाहिए। एक आदर्श लिपि में सभी अक्षर समान ऊँचाई के

होने चाहिए। इसके साथ-साथ उसमें शीघ्र लेखन की भी विशेषता होनी चाहिए, इस दृष्टि से नागरी लिपि में शिरोरेखा सबसे बड़ी बाधा है। एक आदर्श वर्णमाला में अक्षरों का क्रम सहज और उनके आकार के अनुसार होना चाहिए। देवनागरी लिपि अनेक विशेषताओं की स्वामिनी है और वास्तव में यह विश्व की समस्त वर्तमान लिपियों से श्रेष्ठ और वैज्ञानिक है।

देवनागरी लिपि में एक आदर्श लिपि होने के सभी गुण विद्यमान हैं। यह लिपि अक्षरात्मक है। भारत की अनेक भाषाओं के लिए देवनागरी लिपि का प्रयोग लम्बे समय से होता आ रहा है। देवनागरी लिपि की अनेक विशेषताएँ है। यह लिपि की अनेक विशेषताएँ हैं। यह लिपि भाषा के अन्तर्गत आने वाले अधिक से अधिक चिह्नों से सम्पन्न है, जिसमें परम्परागत रूप से 11 स्वर और 33 व्यंजन हैं। इसके अतिरिक्त ड़, ढ़, क, ख, ग, ज, फ इन ध्वनियों के लिए भी चिन्ह बने हैं। क्ष, त्र, ज्ञ, श्र संयुक्त व्यंजनों के लिए अलग चिह्न हैं। यह लिपि समस्त प्राचीन भारतीय भाषाओं जैसे–संस्कृत, प्राकृत, पाली एवं अपभ्रंश की भी लिपि रही है। जो लिपि-चिह्न जिस ध्वनि का द्योतक है उसका नाम भी वही है जैसे–आ, इ, क, ख आदि।

हिन्दी में ऋ-रि, श-ष को छोड़कर शेष सभी ध्वनियों के लिए स्वतन्त्र लिपि-चिह्न हैं। नागरी लिपि में उच्चारण की दृष्टि से समान लिपि चिह्नों में आकृति में भी समानता देखने को मिलती है। नागरी लिपि में प्रत्येक वर्ण का उच्चारण किया जाता है। वास्तव में आदर्श लिपि वही है जिसमें एकरूपता हो। देवनागरी लिपि में सभी नासिक्य ध्वनियों के लिए अलग-अलग चिह्न हैं, जैसे रोमन में–ड़, ञ, ण

नागरी लिपि में अन्य भाषाओं की ध्वनियों को ग्रहण करने की अद्भुत क्षमता है, जैसे अंग्रेजी से–ऑ, क, ग, ज, फ आदि। उत्तर भारत की सभी लिपियाँ नागरी के ही रूप-भेद हैं। देवनागरी लिपि सुपाठ्य एवं सुस्पष्ट है, अर्थात इस लिपि का पाठ सुन्दर रूप में किया जा सकता है और यह अच्छे तरीके से स्पष्ट भी हो जाती है। देवनागरी लिपि में मुद्रण एवं टंकण की भी विशेष सुविधाएँ हैं। देवनागरी लिपि की एक अन्य विशेषता यह है कि यह उत्तरी भारत में हिमालय से लेकर महाराष्ट्र और हरियाणा से लेकर बिहार व झारखण्ड तक फैली हुई है। भारत का विपुल साहित्य भण्डार भी इसी लिपि में लिखित है। संस्कृत, पाली, प्राकृत और अपभ्रंश साहित्य इसी लिपि में विद्यमान है। देवनागरी लिपि में अंकों को भी लेकर अनेक चमत्कार-पूर्ण कविताएँ लिखी गई हैं जो अन्य लिपियों के अंकों में सम्भव नहीं हैं। इसका वर्तमान रूप नेत्रों के लिए अत्यन्त आकर्षक है। इसके साथ-साथ यह लिपि वैज्ञानिक और कम्प्यूटर की दृष्टि से भी उपयुक्त है। इस प्रकार कहा जा सकता है

कि नागरी लिपि में निश्चित रूप से विश्व का श्रेष्ठ ज्ञान है, और यह लिपि अनेक विशेषताओं की स्वामिनी है।

नागरी अंक

सामान्य रूप से नागरी अंक यों लिखे जाते हैं–

१ 9	-1
२	-2
३	-3
४	-4
५ ५	-5
६	-6
७	-7
८	-8
९	-9

1,5,8 और 9 के दो-दो रूप हैं। छपाई में इन दोनों रूपों का प्रयोग होता है।

हिन्दी का शब्द-भण्डार

किसी भी भाषा में प्रयुक्त होने वाला शब्द-समूह उसका शब्द-भण्डार कहलाता है। हिन्दी के शब्द-समूह या शब्द-सम्पदा उसका शब्द-भण्डार है।

हिन्दी में देशी और विदेशी अनेक भाषाओं के शब्दों का प्रयोग किया जाता है। इन देशी और विदेशी भाषाओं के शब्दों के प्रयोग से ही उसकी पाचन-क्षमता का पता चलता है। इसी पाचन-क्षमता के कारण यह कहा जा सकता है कि हिन्दी का शब्द-भण्डार बहुत विपुल है।

यहाँ पर हिन्दी के शब्द भण्डार को ऐतिहासिक व्युत्पत्ति या उद्गम के आधार पर वर्गीकृत करके समझने का प्रयास किया जा रहा है। ऐतिहासिक व्युत्पत्ति या उद्गम के आधार पर हिन्दी के शब्द-भण्डार को हम मुख्य रूप से निम्न वर्गों में बाँट सकते हैं–

1. तत्सम्
2. तद्भव
3. देशी या देशज
4. आगत या विदेशी शब्द

तत्सम् शब्द

तत्सम् शब्दों से तात्पर्य है हिन्दी में प्रयुक्त संस्कृत के मूल शब्द। 'तत्सम्' का शाब्दिक अर्थ है–'तत्' 'उसके' + सम् 'समान' = उसके समान अर्थात् संस्कृत के समान। अतः वे शब्द जो संस्कृत के मूल शब्द हैं और संस्कृत के ही समान बिना किसी परिवर्तन के हिन्दी में प्रयुक्त किये जाते हैं, तत्सम् शब्द कहलाते हैं, जैसे– अग्नि, अस्त, आयुष्मान्, उत्तीर्ण, उदय, ऋषि, कर्म, करुण, कार्य, क्रोध, क्रूर, कृष्ण, घनिष्ठ, जगत्, जल, तत्व, तीव्र, धर्म, निलय, निर्दय, नूतन, पुरातन, पितृपक्ष, बलवान, बालक, भगवान, भजन, महत्व, मित्र, मातृसेवा, रौद्र, राम, विस्मय, वीर, शान्ति, श्वेत, श्रीमान्, सुन्दर, सूर्य, समुद्र, सारस्वत, सहृदय, ज्ञान आदि।

तद्भव शब्द

तद्भव शब्दों से तात्पर्य है–संस्कृत से व्युत्पन्न या विकसित शब्द। संस्कृत के मूल शब्द जो हिन्दी में अपने मूल रूप से परिवर्तित होकर प्रयुक्त होते हैं, वे तद्भव शब्द कहलाते हैं। तद्भव का शाब्दिक अर्थ है–तत् 'उससे' + भव 'उत्पन्न' अर्थात् संस्कृत से व्युत्पन्न या विकसित शब्द।

हिन्दी में तद्भव शब्दों का आधिक्य है, इसका मुख्य कारण है कि इसका विकास संस्कृत-प्राकृत-अपभ्रंश से हुआ है। हिन्दी में तद्भव शब्दों के उदाहरण निम्नवत् हैं–

तत्सम्	**तद्भव**
अग्नि	आग
अक्षि	आँख
अक्षर	आखर
आश्रय	आसरा
उष्ट्र	ऊँट
ओष्ठ	ओठ या होंठ
कर्म	काम
कार्य	काज
गृह	घर
घृत	घी
दुग्ध	दूध
दधि	दही
दन्त	दाँत
धैर्य	धीरज
नव्य	नया
पुष्प	फूल
पृष्ठ	पीठ
भ्रातृ	भाई
रात्रि	रात
हस्त	हाथ आदि

देशी या देशज शब्द

देशी या देशज वे शब्द कहलाते हैं, जिनकी व्युत्पति को लेकर कुछ कह पाना मुश्किल हुआ करता है। हिन्दी शब्द-भण्डार में देशी या देशज शब्दों की संख्या अधिक नहीं है और ऐसे शब्दों की संख्या कम ही है, जैसे–कबड्डी, खादी, खिड़की, गड़बड़, घोटाला, घपला, घूँट, चंपत, चूहा, झंझट, झगड़ा, टट्टू, ठीस, ठेठ, ठेस, तेन्दुओं, थोथा, धब्बा आदि। ये सभी शब्द अपने ही देश की भाषाओं या बोलियों के शब्द हैं, इसी कारण देशी या देशज हैं।

आगत या विदेशी शब्द

आगत या विदेशी शब्द उन शब्दों को कहते हैं, जो दूसरे देशों की भाषाओं से हिन्दी शब्द-भण्डार में आये हैं।

भारत पर मुसलमानों और अंग्रेजों का शासन बहुत लम्बे समय तक रहने के कारण हिन्दी में इन लोगों की भाषाओं (अरबी, फारसी तथा अंग्रेजी) के शब्दों की संख्या दूसरी भाषाओं की तुलना में कहीं अधिक है। इस प्रकार के अनेक शब्द आज हिन्दी शब्द-भण्डार के अभिन्न अंग बन गये हैं। हिन्दी शब्द-भण्डार में आगत या विदेशी शब्द हैं–

फारसी से आये शब्द

हिन्दी शब्द-भण्डार में फारसी से अनेक शब्द आये हैं, जैसे–

अनार, अक्सर, अगर, अंगूर, आईना, आसान, कमान, कमीज़, खुश, खत, खरीद, चम्मच, जरूर, ताक, तीर, दीवार, दरवाजा, दवा, पाजामा, परेशान, फौलाद, बदनाम, बेकार, बरफी, बीमार, बेईमान, मरीज, मुंशी, मंजिल, मकान, मजहब, मुहल्ला, लेकिन, लिफाफा, शर्माना, सिपाही, सरकार, सिफारिश, हलवा आदि

अरबी से आये शब्द

हिन्दी के शब्द-भण्डार में अरबी से आगत शब्द निम्नवत हैं, जैसे–अदालत, इम्तहान, इलाज़, इन्साफ, ईद, कतार, कलम, कद्र, कदम, कत्ल, कागज, खलल, दफा, दुआ, फौरन, फौज, फैसला। बरी, बगावत, मजहब, मुकदमा, मुअत्तल, वजीर, वकील, शैतान, हाकिम आदि।

तुर्की से आये शब्द

तुर्की से आये शब्द जो हिन्दी के शब्द भण्डार में अपनी जगह बना चुके हैं, निम्नवत् हैं, जैसे–

काबू, कुर्ता, कुली, कैंची, खच्चर, गनीमत, चेचक, चाकू, तोषक, तुर्क, बीबी, बाबा, बावर्ची, बारूद, बेगम, सुराग आदि।

हिन्दी के शब्द-भण्डार में अरबी तथा तुर्की के शब्द मुख्यत: फारसी के माध्यम से आये।

पश्तो से आये शब्द

हिन्दी के शब्द-भण्डार को पश्तो ने भी समृद्ध किया है। हिन्दी के शब्द-भण्डार में पश्तो शब्दों की संख्या लगभग 100 के आसपास मानी जाती है, उदाहरणार्थ– अचार, अटकल, अखरोट, खर्राटा, गड़बड़, गुण्डा, चखचख, टसमस, पठान, पटाखा, नगाड़ा, डेरा, लुच्चा, हमजोली आदि।

पुर्तगाली से आये शब्द

हिन्दी के शब्द-भण्डार में पुर्तगाली से आगत शब्दों की संख्या लगभग 100 के आसपास ही है, जैसे–

अलमारी, आया, कमरा, कप्तान, कर्नल, काफी, काजू, गमला, गोभी, गोदाम, चाबी, चाय, बोतल, बाल्टी, मेज, मिस्त्री, तम्बाकू, तौलिया, नीलाम आदि।

फ्रांसीसी से आये शब्द

हिन्दी के शब्द-भण्डार को समृद्ध करने में फ्रांसीसी की भी अपनी विशेष भूमिका है। हिन्दी शब्द-भण्डार में फ्रांसीसी से आगत शब्द निम्नवत् हैं–

ऐडवोकेट, कप, कूपन, कॉलर, कारतूस, जज, पिकनिक, मशीन, मार्शल, मीनू, मेम, मेयर, बम, बेसिन, टेबुल, सूप, डीलक्स, इंगलिश, अंग्रेज, लैम्प, वारंट आदि।

अंग्रेजी से आये शब्द

हिन्दी के शब्द-भण्डार में यदि किसी विदेशी भाषा के सर्वाधिक शब्द आये हैं, तो वह अंग्रेजी है, उदाहरणार्थ–

ऑपरेशन, ऑर्डर, इंजन, एक्सचेंज, टी.वी., टेलिविजन, टेलिफोन, टेलिग्राम, ट्रंक, टाइप, टेप, टैनिस, डॉक्टर, डिप्लोमा, डिग्री, कमिश्नर, कलक्टर, कार, कैमरा, कैरम, कोट, चांसलर, चांस, चैम्पियन, चॉकलेट, जूनियर, जनवरी, जून, जुलाई, मशीन, मास्टर, मिनिस्टर, मेजर, नर्सरी, नाइलन, पैंट, प्योर, पाउडर, पॉकिट, पोस्ट,

पोस्टमैन, रन, रिजल्ट, रिपोर्ट, रॉकेट, रेडियो, रीडर, रंगरूट, लाइट, लालटेन, लिपस्टिक, वारंट, वाइस चांसलर, वाइस प्रिंसिपल, सेकेण्ड, सैंट, सर्जन, सूट, सरकस, सीनियर, सीट हॉल, हॉकी आदि।

इटालियन से आये शब्द

हिन्दी शब्द-भण्डार को समृद्ध करने में इटालियन के आगत शब्दों का योगदान भी कम नहीं है। इटालियन शब्दों के उदाहरण इस प्रकार हैं–कारटून, पियानो, लॉटरी, गजट, मलेरिया, रॉकेट, वायलिन, स्टूडियो आदि।

स्पेनी से आये शब्द

हिन्दी शब्द-भण्डार में स्पेनी के आगत शब्दों के उदाहरण इस प्रकार हैं–कॉर्क, सिगार, सिगरेट आदि।

जर्मन से आये शब्द

हिन्दी शब्द-भण्डार में जर्मन के आगत शब्दों के उदाहरण निम्नवत् है–ट्रेन, बैगन, सेमिनार, किंडरगार्टन आदि।

रूसी से आये शब्द

हिन्दी शब्द-भण्डार में गिनेचुने शब्द रूसी से भी आये हैं, जैसे–मैट्रो, जार, टुन्ड्रा, सोवियत आदि।

चीनी से आये शब्द

चीनी से आगत शब्दों की संख्या हिन्दी शब्द-भण्डार में अधिक नहीं है, उदाहरणार्थ–सिन्दूर, लीची, कीचक आदि।

जापानी से आये शब्द

हिन्दी शब्द-भण्डार को समृद्ध करने में जापानी के आगत शब्दों की भी विशेष भूमिका रही है। जापानी शब्दों की संख्या गिनीचुनी है, जो इस प्रकार है–रिक्सा, जुडो, युयुत्यु आदि।

अफ्रीकी से आये शब्द

हिन्दी शब्द-भण्डार में अफ्रीकी शब्द भी आये हैं, जैसे–जेब्रा, चिम्पैंजी आदि।

इसी प्रकार हिन्दी शब्द-भण्डार में कुछ गिनेचुने शब्द दूसरी विदेशी भाषाओं से भी आये हैं, जैसे–लैटिन से–रोमन, दीनार आदि। आस्ट्रेलियन शब्द–कंगारू आदि।

यही नहीं, हिन्दी शब्द-भण्डार में लगातार वृद्धि होती जा रही है। हिन्दी शब्द-भण्डार में आगत शब्दों के अन्तर्गत भारत की ही द्रविड़ परिवार की भाषाओं के शब्दों की भी आज विशेष भूमिका है। द्रविड़ भाषाओं के शब्द इस प्रकार हैं–इडली, डोसा, साँभर, बड़े पिल्ला आदि।

इस प्रकार हिन्दी का शब्द-भण्डार लगातार समृद्ध और विकसित होता जा रहा है। इसी का परिणाम है कि आज हिन्दी में अभिव्यक्ति की क्षमता भी निरन्तर बढ़ती जा रही है। यही कारण है कि आज हिन्दी ज्ञान-विज्ञान के सभी क्षेत्रों की भाषा बन चुकी है और बनती जा रही है।

अभिवादन और आत्म-परिचय

'अभिवादन' संचार का एक कार्य है जिसमें मनुष्य जानबूझकर एक-दूसरे को अपनी उपस्थिति से अवगत कराते हैं। 'अभिवादन' अपने प्रति ध्यान दिलाने के लिए अथवा एक-दूसरे के सम्पर्क में आने वाले व्यक्तियों से सम्बन्ध व्यक्त करने के लिए (आमतौर पर सौहार्दपूर्ण) होता है। अभिवादन कभी-कभी बातचीत से ठीक पहले या गुजरते समय किया जाता है। सामाजिक स्थिति और सम्बन्ध के आधार पर अभिवादन के स्वरूप बदल जाते हैं। अभिवादन को श्रव्य और शारीरिक दोनों तरह से व्यक्त किया जाता है। दुनिया लगभग सभी संस्कृतियों में लोग अपने छोटों और बड़ों का अभिवादन करते हैं। सामने वाले के प्रति आभार, इज्जत, सम्मान प्रकट करना 'अभिवादन' कहलाता है। 'वंदन', 'नमन', 'नमस्ते' बोलकर अथवा चरणों को स्पर्श करके भारत में अभिवादन करने की परम्परा सदियों से चली आ रही है। भारत में यह एक संस्कारिक औपचारिकता भी है। दादा-दादी, नाना-नानी, माता-पिता, चाचा-चाची, भैया-भाभी, आचार्य, अतिथि, महात्मा आदि को उठकर दायें हाथ से दाहिना तथा बायें हाथ से बायाँ चरण स्पर्श करके अभिवादन आशीर्वाद माँगने की भी परम्परा से सभी भारतीय परिचित हैं। इससे बड़ों में आन्तरिक प्रसन्नता का भाव पैदा होता है और वे प्रत्युत्तर में छोटों के सिर पर हाथ रखकर 'प्रसन्न रहो' का आशीर्वाद देते हैं।

किसी के सामने स्वयं को परिचित करवाना, स्वयं के बारे में जानकारी देना अथवा अपने साथ वाले व्यक्ति का परिचय करवाना सभी जानते हैं। किसी व्यक्ति के नाम, व्यक्तित्व, स्वरूप, धन, गुण, रूचि तथा कार्य आदि से सम्बन्ध रखने वाली बातें बताना 'परिचय' कहलाता है। पुस्तक, समाचार-पत्र, पत्रिका में लेखक अथवा किसी व्यक्ति का नाम, पता आदि लिखा होता है, लेकिन उसका विस्तृत परिचय उसके कृतित्व से मिलता है। साक्षात्कार में आत्मपरिचय का अधिक उपयोग होता है। आइए जानते है कि अपने बारे में कैसे बताते हैं। सबसे पहले अपना नाम, फिर

शहर का नाम, उम्र, परिवार, आपने विषय, रुचि, पसन्द-ना पसन्द आदि बताना होगा।

अभ्यास

1. कौन सा अभिवादन अपने से छोटों के प्रति मर्यादा दिखाने के लिए किया जाता है?
2. अभिवादन और परिचय क्या है? इसके प्रकार कौन-कौन से हैं?
3. अपना खुद का परिचय कैसे दें?

प्रश्नवाचक शब्द और वाक्य

'प्रश्न' ज्ञान प्राप्त करने, समस्या-समाधान और सम्बन्ध बनाने में उपयोग किया जाने वाला शक्तिशाली उपकरण है। प्रश्न पूछना आवश्यक है। यह हमें अपनी समझ में अन्तराल की पहचान करने और यह सुनिश्चित करने में मदद करता है कि समाधान खोजने के दौरान हम सही रास्ते पर हैं। 'सवाल' पूछना एक साधारण बात लग सकती है, लेकिन यह अभी भी जीवन में सबसे महत्त्वपूर्ण कौशलों में से एक है। चाहे आप छात्र हों, कर्मचारी हों या माता-पिता हों, 'प्रश्न' हमेशा आपको जानकारी और उत्तर तक ले जाएँगे, जिसकी आपको निर्णय लेने के लिए आवश्यकता है। एक छात्र के दृष्टिकोण से, 'प्रश्न' सीखने के अवसरों की एक पूरी नई दुनिया खोलते हैं। जब हम पूछते हैं, तो हम अपने और दूसरों के बीच संवाद का द्वार खोलते हैं। यह सहयोग को प्रोत्साहित करता है और हमें लाभकारी नए दृष्टिकोण प्राप्त करने में मदद करता है। प्रश्न पूछने से हमें किसी स्थिति को बेहतर ढंग से समझने और अधिक सटीक निर्णय लेने में मदद मिलती है। यह हमें अधिक आलोचनात्मक रूप से सोचने में भी मदद करता है।

प्रश्न पूछने से आपको पाठ्यक्रम में आगे बढ़ने के साथ-साथ अपनी शिक्षण सामग्री की बेहतर समझ हासिल करने में मदद मिलती है। प्रश्न पूछने से आप कक्षा में भी अलग दिख सकते हैं और अपने शिक्षकों के साथ सम्बन्ध विकसित करने में भी आपकी मदद हो सकती है। सीखने और सम्बन्ध बनाने के अलावा, किसी चीज़ के बारे में पूछताछ करने से आपके निर्णय लेने के कौशल में भी सुधार होगा। सवाल पूछने से आपको किसी स्थिति की बेहतर समझ मिल सकती है और इससे आपको उसके पक्ष और विपक्ष का मूल्यांकन करने में मदद मिल सकती है।

बेशक, सवाल पूछना जीवनभर महत्त्वपूर्ण रहता है, और अगर आप स्कूल या घर पर पढ़ने वाले बच्चे के माता-पिता या अभिभावक हैं, तो 'प्रश्न' आपको उनके

सीखने और शिक्षा के उतार-चढ़ाव का अनुभव करने के दौरान जुड़े रहने में मदद करेंगे। 'प्रश्न' उनके विचारों, भावनाओं और व्यवहार के बारे में अन्तर्दृष्टि प्रदान करेंगे, और आपको उन्हें गम्भीरता से सोचने और जिम्मेदार निर्णय लेने के लिए प्रोत्साहित करने में मदद कर सकते हैं।

'प्रश्नवाचक शब्द' या 'प्रश्न-शब्द' एक कार्यात्मक शब्द है जिसका उपयोग प्रश्न पूछने के लिए किया जाता है, जैसे कि क्या, जो, कब, कहाँ, कौन, किसे, किसका, क्यों, क्या और कैसे। उनका उपयोग प्रत्यक्ष प्रश्नों (वह कहाँ जा रहा है?) और अप्रत्यक्ष प्रश्नों (मुझे आश्चर्य है कि वह कहाँ जा रहा है?) दोनों में किया जा सकता है।

'प्रश्नवाचक वाक्य', वाक्य का एक प्रकार है। जिस वाक्य में प्रश्न पूछने का भाव हो, उसे 'प्रश्नवाचक वाक्य' कहते हैं। 'प्रश्नवाचक वाक्य' वह वाक्य है जो प्रश्न पूछता है। इसका उपयोग कई चीजें पूछने के लिए किया जा सकता है, जैसे कि किसी ने कुछ क्यों किया? या कोई व्यक्ति हाल ही में क्या कर रहा है? आप कहाँ से आ रहे हैं? क्या आप आम खाना पसन्द करेंगे? आप क्या पहन रहे हैं? क्या तुम वहाँ नहीं जा रहे हो? क्या आप पद्मनाभस्वामी मन्दिर में दर्शन करने गये हैं? क्या आपके लिए कोई उपहार खरीदूँ?

प्रश्नवाचक वाक्य 'प्रश्नवाचक शब्दों' और 'प्रश्नवाचक चिह्नों' से युक्त होकर ही बनते हैं। बोलचाल में भंगिमाओं और कुछ शब्दों पर ज़ोर लगाकर अथवा उन्हें झटके में बोलकर प्रश्नवाचक वाक्यों को व्यक्त किया जाता है। इस प्रकार के वाक्य का उपयोग अक्सर जानकारी एकत्र करने, कुछ माँगने या कुछ सिफारिश के लिए किया जाता है। प्रश्नवाचक वाक्य का उपयोग करके हम लोगों से कोई गतिविधि या कार्य करने के लिए कह सकते हैं। जैसे क्या हम सड़क मार्ग से जाएँ? (सलाह या सिफारिश), क्या मैं आपके नोट्स उधार ले सकता हूँ? (अनुरोध), क्या मैं आपका सामान उठा सकता हूँ? (प्रस्ताव), क्या मैं आपकी प्राप्त जानकारी से एक रिपोर्ट बना सकता हूँ? (अनुमति माँगना) इत्यादि।

अभ्यास

1. प्रश्नवाचक वाक्यों में किस चिह्न का प्रयोग किया जाता है?
2. प्रश्नवाचक वाक्य कैसे बनाया जाता है?
3. प्रश्नवाचक वाक्य क्या है? उदाहरण लिखिए।

दैनिक जीवन में हिन्दी का प्रयोग

हिन्दी भारत की समृद्ध और वैविध्यपूर्ण संस्कृति की जीवन्त अभिव्यक्ति है। यह एक ऐसा पुल है जो अतीत और वर्तमान, स्थानीय और वैश्विक, प्राचीन और आधुनिक को जोड़ता है। हिन्दी एक रचनात्मक भाषा है जो लोगों को अपने विचारों, भावनाओं और सपनों को व्यक्त करने के लिए प्रेरित करती है। भाषा विनिमय का सशक्त साधन है। दैनिक जीवन के कार्यकलापों में हिन्दी भाषा की अहमियत को व्यक्त करने के उद्देश्य से यहाँ हिन्दी भाषा के उपयोग से जुड़ी विभिन्न सन्दर्भों को व्यक्त किया है।

महत्त्वाकांक्षा (Ambition)

महत्त्वाकांक्षा, एक आवश्यक विचार है। हरेक के जीवन में कुछ न कुछ महत्त्वाकांक्षाएँ होती हैं। महत्त्वाकांक्षा हमें अपने लक्ष्य को प्राप्त करने की ऊर्जा देती है। हिन्दी की व्यापकता को देखते हुए अपनी महत्त्वाकांक्षाओं की पूर्ति के लिए हिन्दी में रचनात्मक कार्य का आश्रय लिया जा सकता है। आज हिन्दी की मान्यता राष्ट्रीय और अन्तर्राष्ट्रीय स्तर पर बढ़ चुकी है। यदि आप हिन्दी का व्यवहार करें तो निश्चित ही आप अपने लक्ष्य में सफल होंगे। इस दुनिया में हरेक व्यक्ति कुछ न कुछ बनने की इच्छा ज़रूर रखता है।

एक उदाहरण देखिए, रमेश की महत्त्वाकांक्षा एक शिक्षक बनने की है।

मेरे जीवन का मुख्य उद्देश्य मेरे द्वारा प्राप्त ज्ञान को दूसरों को प्रदान करना है। मैं इस पर विश्वास करता हूँ कि ज्ञान जितना बढ़ता है उतना बाँटा जाता है। मैं एक शिक्षक बनना चाहता हूँ क्योंकि इससे मुझे अपना लक्ष्य पूरा करने में बहुत मदद मिलेगी। मेरे विचार में एक शिक्षक छात्रों के जीवन का सही मार्गदर्शक है। एक शिक्षक के तौर पर मैं चाहता हूँ कि छात्र मुझे अपना दोस्त समझें जिससे मैं उनके बारे में बारीकी से समझ सकूँ। शिक्षक को विभिन्न समाज के कई प्रकार के छात्रों को जानने का अवसर प्राप्त होने पर वे अधिक सामाजिक बन जाते हैं। एक शिक्षक

बनने के बाद मैं छात्रों को अपने पाठ्यक्रम के अलावा नैतिक मूल्य, संस्कृति आदि से भी अवगत कराने का श्रम करूँगा। छात्रों को उनके उद्देश्य तक पहुँचने में उन्हें प्ररित कर सकता हूँ।

अभ्यास

1. अगर आप एक पत्रकार बन जाएँ तो आपकी महत्त्वाकांक्षा क्या होगी?
2. यदि आप एक व्यवसायी बन जाएँ तो आपकी महत्त्वाकांक्षाएँ क्या क्या होंगी?
3. खिलाड़ी बन जाएँ तो आपकी महत्त्वाकांक्षा क्या होगी?
4. दीपा की मित्र अमृता को विदेश में नौकरी मिली। तब दीपा अपनी महत्त्वाकांक्षाओं के बारे में अमृता से कहती है। कैसे?

शौक (Hobby)

किसी वस्तु की प्राप्ति या कोई कार्य करने की तीव्र अभिलाषा या कामना ही शौक कहलाता है। शौक ऐसी क्रियाएँ होती हैं जो आनन्द अथवा व्यक्तित्व विकास के लिए की जाती हैं। खेल, साहित्य लेखन, मनोरंजन, कला, संगीत आदि विषय का अध्ययन या उससे सम्बन्धित चीजें इकट्ठा करना इसमें शामिल है। अपने शौक या रुचि के विस्तार के लिए हिन्दी भाषा का सहारा लेकर अपना भविष्य सुन्दर किया जा सकता है। इससे मुख्य लाभ यह है कि यह तनाव को दूर करने का एक बड़ा साधन है। इसके अलावा यह आपको आर्थिक रूप से सक्रिय भी बना देता है।

निम्नलिखित उदाहरण देखिए

मुझे खाना बनाना बहुत पसन्द है। मेरी रसोई हर मायने में मेरा खेल का मैदान है। मेरी माँ एक बेहतरीन रसोइया है और मुझे उससे ही प्रेरणा मिली है। मैंने उसे कुछ ही घंटों में कई मेहमानों के लिए स्वादिष्ट भोजन तैयार करते देखा है। मैं हर दिन तरह तरह के भोजन बनाने के लिए उत्सुक रहती हूँ। मेरे परिवार और दोस्तों ने भी हमेशा मेरा सहयोग दिया है। उनके प्रोत्साहन से ही मैं अपने शौक में सफल हो गयी हूँ। ज़रुरती लोगों केलिए उनके माँग के अनुसार तरह तरह के पकवान बनाकर देती हूँ जिससे मेरी आर्थिक क्षमता भी बढती है।

अभ्यास

1. प्रिय शौक सिलाई पर अपनी राय व्यक्त कीजिए।
2. प्रिय टिकट संग्रह पर एक खण्ड लिखिए।

3. आप एक कामकाजी महिला हैं। अपने व्यस्त भरे जीवन में आप अपने शौक को किस तरह बनाये रखती हैं। उसके बारे में एक खण्ड लिखिए।
4. आपके प्रिय शौक कौन से है? उसके बारे में एक खण्ड लिखिए।

संवाद (Dialogue)

संवाद अभिव्यक्ति का प्रमुख स्रोत है। दो व्यक्तियों के बीच किसी भी एक निर्दिष्ट विषय की चर्चा, बहस या बातचीत संवाद कहलाता है। संवाद काल्पनिक या वास्तविक भी हो सकता है। भाषा सरल स्वाभाविक और बोलचाल के निकट होनी चाहिए। संवाद पात्रों की सामाजिक स्थिति के अनुकूल हो। संवाद का आरम्भ और अन्त रोचक होना चाहिए। प्रसंग के अनुसार व्यंग्य-विनोद, मुहावरों और लोकोक्तियों का प्रयोग करना चाहिए।

संवाद का निम्नलिखित उदाहरण देखिए–

रोगी और डॉक्टर के बीच संवाद

रोगी : (औषधालय में प्रवेश करते हुए) वैद्यजी, नमस्कार।

वैद्य : नमस्कार! आइए, पधारिए ! कहिए, क्या हाल है?

रोगी : पहले से बहुत अच्छा हूँ। बुखार उतर गया है, केवल खाँसी रह गयी है।

वैद्य : घबराइए नहीं। खाँसी भी दूर हो जाएगी। आज दूसरी दवा देता हूँ। आप जल्दी अच्छे हो जायेंगे।

रोगी : आप ठीक कहते हैं। शरीर दुबला हो गया है। चला भी नहीं जाता और बिछावन पर पड़े-पड़े तंग आ गया हूँ।

वैद्य : चिंता की कोई बात नहीं। सुख-दुःख तो लगे ही रहते हैं। कुछ दिन और आराम कीजिए। सब ठीक हो जाएगा।

रोगी : कृपया खाने को बतायें। अब तो थोड़ी-थोड़ी भूख भी लगती है।

वैद्य : फल खूब खाइए। जरा खट्टे फलों से परहेज रखिए, इनसे खाँसी बढ़ जाती है। दूध, खिचड़ी और मूँग की दाल आप खा सकते हैं।

रोगी : बहुत अच्छा! आजकल गर्मी का मौसम है; प्यास बहुत लगती है। क्या शरबत पी सकता हूँ?

वैद्य : शरबत के स्थान पर दूध अच्छा रहेगा। पानी भी आपको अधिक पीना चाहिए।

रोगी : अच्छा, धन्यवाद। कल फिर आऊँगा।

वैद्य : अच्छा, नमस्कार।

फिल्म में संवाद की महत्त्वपूर्ण भूमिका है। दृश्य-श्रव्य माध्यम होने के कारण फिल्म में संवाद बोलता हुआ दिखाई पड़ता है। संवाद लेखन में मुख्यतः दो तरीके अपनाए जाते हैं। क्रमबद्ध तरीका और स्थापित तरीका। क्रमबद्ध तरीके में पटकथा का दृश्य क्रमबद्ध शैली में लिखा जाता है तो स्थापित तरीके में रेखा खींचकर एक भाग में ऊपर दृश्य लिखा जाता है और दूसरे भाग में संवाद लिखा जाता है। संवादों के माध्यम से पात्रों के चरित्र का विकास भी होता है।

निम्नलिखित उदाहरण ध्यान से पढ़िए और पटकथा के अनुरूप संवाद तैयार कीजिए

निर्मल एक परोपकारी एवं समाजसेवी मध्यवर्गीय युवक है।

कॉलेज के कुछ छात्र एक निर्धन सहपाठी को घर बनाकर देने का फैसला करते हैं। किसी मानव सेवी फाउंडेशन की ओर से सहायता मिलने की सूचना मिलती है। तब निर्मल मित्रों को मिलाकर उनसे मिलने का आग्रह प्रकट करता है। किसी से फोन नम्बर भी मिला। उनके कहे अनुसार निर्मल मित्रों के साथ वहाँ पहुँचा। दोनों के बीच सहपाठी को मदद करने की बातचीत होती है। वार्तालाप से पता चलता है कि निर्मल एक परोपकारी सच्चा समाज सेवक है।

ऊपर दिए पहलुओं को ध्यान में रखकर दृश्य का वास्तविक रूप कैसे लिखें, इसका नमूना देखें–

दृश्य

मानव सेवी फाउंडेशन

दिन

निर्मल अपने दोस्तों के साथ मानव सेवी फाउंडेशन हॉल में प्रवेश करते हैं।

अधिकारी : आइए, कहाँ से आ रहे हैं?

निर्मल : सर, हम लोग कॉलेज से आ रहे हैं।

अधिकारी : क्या बात है?

निर्मल : हमारा मित्र बहुत गरीब है, उसे एक घर बनाकर देना चाहते हैं।

अधिकारी : अच्छा, इस प्रकार की सेवा करना अच्छा ही है।

निर्मल	:	हम आपसे आर्थिक सहायता माँगते हैं।
अधिकारी	:	मदद करूँगा। पहले उस छात्र के परिवेश पर जानना आवश्यक है।
निर्मल	:	ठीक है, उससे मिलना जरूरी है।
अधिकारी	:	उससे मिलने के बाद आवश्यक प्रबन्ध जरूर करूँगा।
निर्मल	:	हाँ, हम आपकी सहायता से उसका जीवन सफल होने की प्रार्थना करते हैं।

अभ्यास

संवाद लिखिए

1. बेटा कॉलेज से आने में बहुत देर हो गया–इस पर माँ और बेटा का संवाद।
2. लगातार अनुपस्थिति के कारण अध्यापक और छात्र के बीच संवाद।
3. बढती महँगाई से परेशान दो महिलाओं के बीच की बातचीत को संवाद के रूप में लिखिए।
4. अपने मनपसन्द नायक के लिए संवाद तैयार कीजिए।
5. एक फिल्म में नायक और खलनायक के बीच का संवाद एक खण्ड में लिखिए
6. अस्पताल में पड़े नायक को देखने केलिए नायिका आती है। तब दोनों के बीच का संवाद तैयार कीजिए।
7. पूर्व विद्यार्थी संगम में नायक की अपने पुराने मित्रों से भेंट होती है। तब उनके बीच का संवाद संक्षिप्त में लिखिए।
8. सिनेमा में अभिनय करने का मौका माँगकर एक व्यक्ति निर्देशक के पास आता है। तब उनके बीच का संवाद तैयार कीजिए।

बातचीत (Conversation)

मनुष्य द्वारा समाज में परस्पर सम्पर्क कायम रखने का एक बहुपक्षीय और स्वाभाविक माध्यम है बातचीत या वार्तालाप। बातचीत का अर्थ है संवाद करना या विचारों का आदान-प्रदान करने के लिए वाणी का उपयोग करना। बातचीत के माध्यम से हम दूसरे लोगों और अपने बारे में सीखते हैं। जीवन के हर क्षेत्र में प्रभावी ढंग से बातचीत करने की क्षमता महत्त्वपूर्ण है। छात्रों को उनके विचारों को

स्पष्ट करने, प्रश्न पूछने, नये विचारों को जानने और शिक्षकों और दोस्तों से आपसी सम्बन्ध स्थापित करने के लिए बातचीत की आवश्यकता है।

बातचीत का निम्नलिखित उदाहरण देखिए–

रूपा और नेहा के बीच की बातचीत–

रूपा : नमस्ते नेहा। हम बहुत समय बाद मिले।

नेहा : हाँ, रूपा, नमस्ते।

रूपा : नेहा तुम अब किस कक्षा में पढ़ती हो?

नेहा : मैं कक्षा सात में पढ़ती हूँ।

रूपा : तुम्हारा स्कूल कहाँ है?

नेहा : मेरे घर के आसपास ही है। तुम कहाँ पढ़ती हो?

रूपा : मैं अब दिल्ली में पढ़ती हूँ। वहाँ मेरे मामा जी रहते हैं।

नेहा : मिलने से संतुष्ट हूँ।

रूपा : अच्छा, फिर मिलते हैं।

अभ्यास

(1) पुस्तक विक्रेता से बातचीत।
(2) समाचार पत्र के संम्पादक से बातचीत।
(3) अध्यापक और छात्र के बीच बातचीत।
(4) डॉक्टर और मरीज के बीच बातचीत।

भाषण (Speech)

भाषण वह विधा है, जिसमें किसी विषय को धाराप्रवाह रूप में विवरण करते हुए विचारों तथा तथ्यों को लोगों के सामने व्यक्त किया जाता है। भाषण की तैयारी और प्रस्तुति कोई साधारण बात नहीं। सबसे पहले वह किस विषय पर बोल रहा है इसकी उन्हें समझ या उस विषय का ज्ञान होना सबसे ज़रूरी है। भाषण एक सशक्त परिचय से शुरुआत करें जो श्रोता का ध्यान आकर्षित करता है। विचारों को सुचारु रूप से जोड़ने के लिए बदलावों का उपयोग करके मुख्य बिन्दुओं को तार्किक क्रम में विकसित कर एक यादगार निष्कर्ष के साथ समाप्त करें तो मुख्य सन्देश दृढ़ हो जाएगा।

बेकारी की समस्या पर भाषण

माननीय अध्यक्ष महोदय, प्रबुद्ध श्रोताओ और मित्रो।

मेरे लिए आज अति प्रसन्नता और गर्व का अवसर है कि मुझे आपके सामने बेकारी की समस्या विषय पर अपने विचार अभिव्यक्त करने का अवसर मिल रहा है। आशा है कि आप मेरे विचारों को ध्यानपूर्वक सुनकर मुझे अनुग्रहीत करेंगे।

बेकारी का अर्थ यह है कि कोई पढ़ा-लिखा या अनपढ़ व्यक्ति काम करना चाहता है मगर उसे काम नहीं मिलता। इस प्रकार उसकी सारी शक्ति जो देश के निर्माण में लग सकती है, नहीं लग पाती और व्यर्थ होती है। बेकारी दो प्रकार की होती है–एक तो वह जिसे हम स्पष्ट देखते हैं। इसके अलावा आंशिक बेकारी की समस्या भी है। अगर काम के लिए आठ घंटे निर्धारित हों, मगर किसी व्यक्ति को चार या पाँच घंटे का काम ही मिले, तो वह इसे आंशिक बेकारी कहेंगे। साल में 100 या 120 दिन काम पाने वाले खेत मज़दूर भी इसी श्रेणी में आते हैं।

बेकारी मनुष्य के लिए एक अभिशाप है। बेकार व्यक्ति का जीवन अन्धकारमय होता है। समाज में उसकी कोई प्रतिष्ठा नहीं होती। वह समाज और परिवार पर बोझ बनकर रह जाता है। भारत में दोनों तरह के बेकार पाये जाते हैं–अनपढ़ और पढ़े लिखे। अनपढ़ लोगों के बेकार होने के दो प्रमुख कारण हैं–कारखानों का और छोटे किसानों की जमीन छिन जाने का। भारत में शिक्षित बेरोजगार संख्या में अशिक्षित बेकारों से काफी कम हैं, फिर भी उनकी समस्या अधिक भयानक है। शिक्षित बेकारों की समस्या को हल करना कोई कठिन काम नहीं है। उदाहरण के लिए एक अनुमान है कि देश की सारी निरक्षर जनता के लिए शिक्षा का व्यवसाय कर के आधे से अधिक शिक्षित बेकारों को रोजगार दिया जा सकता है। पूँजी की कमी देश में बेकारी की समस्या को हल करने में सबसे बड़ी बाधा है। पर इसका हल भी सम्भव है।

इस प्रकार कह सकते हैं कि बेकारी की समस्या चाहे जितनी विकराल हो इसे हल करना असम्भव नहीं है।

मैंने आपका काफी समय व्यय किया है, इसके लिए आपसे क्षमा चाहूँगा।

धन्यवाद!

अभ्यास

1. पर्यावरण संरक्षण के बारे में एक भाषण तैयार कीजिए।
2. हिन्दी भाषा के महत्त्व के बारे में एक भाषण तैयार कीजिए।
3. मेरे जीवन का सबसे अच्छा दिन विषय पर भाषण दीजिए।
4. नशीले खाद्य पदार्थ और युवा पीढ़ी के बारे में एक भाषण तैयार कीजिए।

रोल प्ले (Role play)

रोल प्ले वह प्रदर्शन कला है जिसमें गति, हाव-भाव और स्वर शैली का उपयोग करके मंच, चलचित्र या टेलिविज़न के लिए किसी काल्पनिक चरित्र को साकार करने के लिए किया जाता है। जब प्रसिद्ध या कल्पित कथा के आधार पर रचित रूपक में निर्दिष्ट संवाद और क्रिया के अनुसार नट-नटी, सूत्रधार, विदूषक आदि पात्रों द्वारा सिखाए जाने पर या स्वयं नट अपनी वाणी, शारीरिक चेष्टा, मुखमुद्रा, वेशभूषा आदि के द्वारा दर्शकों को भाव और रस की अनुभूति कराता है तब उस सम्पूर्ण समन्वित व्यापार को अभिनय कहते हैं। अनुकरण करने से उन्हें वास्तविक अनुभव जैसा आनन्द मिलता है और दूसरों को अपना भाव बताने में सहायता मिलती है। भरत मुनि ने चार प्रकार का अभिनय माना है–आंगिक, वाचिक, आहार्य और सात्विक।

किराए पर मकान माँगनेवाली और किराएदार की बातचीत देखिए-

क्या मकान किराए पर चाहिए?

दरवाजे पर दस्तक होती है।

नेहा : कौन है?

अनु : मेरा नाम अनु है। मुझे मकान किराए पर चाहिए।

नेहा : आइए, बैठिए।

अनु : मकान में क्या-क्या है?

नेहा : मकान में दो कुर्सियाँ, एक मेज़, एक पलंग, एक पंखा है। रसोई में गैस और स्टोव भी है।

अनु : क्या गुसलखाना भी है?

नेहा : हाँ, कमरे के साथ ही गुसलखाना है, क्या आपको चाय या पानी चाहिए?

अनु : नहीं, मैं ठीक हूँ। बस, आप मकान दिखाइए।

नेहा : ठीक है। ऊपर आइए। देखिए कमरे में चार खिड़कियाँ और दो दरवाजे हैं।

अनु : कमरा तो अच्छा है। लेकिन किराया कितना है?

नेहा : किराया बीस हजार रुपए महीना है।

अनु : किराया थोड़ा ज्यादा है। कुछ कम कीजिए।

नेहा : नहीं, किराया बिलकुल ठीक है क्योंकि इसमें बिजली और पानी का बिल भी है।

अनु : क्या इंटरनेट का बिल भी इसमें है?

नेहा : हाँ, सब कुछ।

अनु : ठीक है। मुझे कमरा पसन्द है।

नेहा : आपको मकान कब से चाहिए?

अनु : मुझे मकान अगले महीने से चाहिए।

नेहा : ठीक है। अगले महीने मिलेंगे।

अभ्यास

(1) अपने मनपसन्द अभिनेता/ अभिनेत्री का किरदार अभिनय कीजिए।

(2) मनपसन्द कहानी को संवाद शैली में अभिनय कीजिए।

(3) किसी नुक्कड़ नाटक का अभिनय कीजिए।

(4) एक एकांकी नाटक का अभिनय कीजिए

एंकरिंग (Anchoring)

किसी सभा या समारोह के मंच पर जो व्यक्ति एंकर की भूमिका में उपस्थित होता है उसकी वाणी की विशिष्टता सभा में बैठे लोगों को सामान्यतः आकर्षित व प्रभावित करती है। इसके लिए भाषा का कौशल विशेष महत्त्व रखता है। इस भाषायी कुशलता को अभ्यास द्वारा भी सीखा जा सकता है। इसके साथ ही रेडियो, टेलीविजन या विविध कार्यक्रमों में की जाने वाली घोषणाओं के लिए भी भाषा की कुशलता आवश्यक होती है। इस के ज़रिए आप दर्शकों के मन में एक अद्वितीय छाप छोड़ सकते हैं। फिल्मों से सम्बन्धित कार्यक्रम, गीतों भरे कार्यक्रम, खेल कार्यक्रम, स्त्रियों के कार्यक्रम, बच्चों के कार्यक्रम, कार्टून, मनोरंजक कार्यक्रम आदि ऐसे कार्यक्रम हैं, जिन्हें आगे बढ़ाने वाला व्यक्ति एंकर होता है। एंकर के लिए लिखे जानेवाले लेखन को एंकर्स स्क्रिप्ट कहते हैं। इसमें रोचकता और बोलचाल का स्वर होना चाहिए। एंकर हास्य अभिनय करनेवाला, हमेशा हँसने-हँसानेवाला होना चाहिए।

एंकरिंग का एक नमूना–

दोस्तो, जैसे कोई बाग बिना बागवां के अर्थहीन होता है, जैसे कोई शरीर बिना आत्मा के प्राणहीन होता है, वैसे ही एक उत्सव, गुणीजनों, समाज के वरिष्ठ जन

एवं महान शख्सियतों के प्रेरणादायी सान्निध्य के बिना निष्प्राण हो जाता है। बहुत ही प्रसन्नता से मैं बताना चाहता हूँ कि हमारे बीच में आज ऐसे विराट व्यक्तित्व मौजूद हैं जिन्होंने अपनी अभिनव सोच, अपने कुशल नेतृत्व एवं रचनात्मक पहल से अपने शहर ही नहीं, अपने प्रदेश ही नहीं बल्कि देश और दुनिया को ऋणी कर दिया। इन विशिष्ट जनों के गरिमामयी सान्निध्य से यह प्रेक्षागृह ऊर्जामयी हो गया है, आनन्दमयी हो गया है। मैं सब विभूतियों का तहेदिल से स्वागत करता हूँ, वन्दन करता हूँ, अभिनन्दन करता हूँ।

मित्रो, हमारा यह कार्यक्रम हमारे गण्यमान्य अतिथियों के स्वागत का है, मैं स्वागत नृत्य की प्रतिभागी नंदिनी को मंच पर स्वागत नृत्य के लिए आमंत्रित करता हूँ।

बहुत ही शानदार प्रस्तुति, नंदिनी के लिए एक बार जोरदार तालियाँ बजा दीजिए।

दोस्तो, आप सब लोगों से अनुरोध है कि यह तालियों की गड़गड़ाहट का सिलसिला टूटना नहीं चाहिए। हमारे ग्रुप के प्रतिभागियों ने अथक परिश्रम करके महज 10 दिनों में इस भव्य सांस्कृतिक कार्यक्रम की अद्‌भुत तैयारी की है। हमारे प्रतिभागी कोई पेशेवर कलाकार नहीं हैं ये तो हमारे ही मध्य के हमारे ही ग्रुप के परिवारों का हिस्सा हैं। केवल और केवल आपकी तालियों का हिस्सा हैं। केवल और केवल आपकी तालियों की गड़गड़ाहट ही उनका अवार्ड है जो कि उनका मनोबल बनाये रखेगी।

खुशियों पर मौज की रवानी रहेगी ज़िन्दगी में कोई न कोई कहानी रहेगी हम यूँ ही कार्यक्रम में चार चाँद लगाते रहेंगे अगर आपकी तालियों की मेहरबानी रहेगी।

तो एक बार जोरदार तालियाँ बजा दें हमारे प्रतिभागियों के लिए।

अभ्यास

1. किसी कार्यक्रम के अध्यक्ष भाषण के लिए प्राचार्य को मंच पर आमंत्रित करने का एंकरिंग कीजिए।
2. दीप प्रज्वलन केलिए अतिथि को मंच पर आमंत्रित करने का एंकरिंग कीजिए।
3. दूरदर्शन पर छात्रों को कार्यक्रम के लिए आमंत्रित करने का एंकरिंग कीजिए।
4. पुरस्कार वितरण के लिए माननीय व्यक्ति को मंच पर आमंत्रित करने का एंकरिंग कीजिए।

साक्षात्कार (Interview)

साक्षात्कार का तात्पर्य उस विधि से है जिसमें साक्षात्कारकर्ता सम्बन्धित लोगों से व्यक्तिगत रूप से मिलकर और उनसे प्रश्न पूछकर एवं उनसे उत्तर प्राप्त करके किसी विषय पर वास्तविक जानकारी प्राप्त करने का प्रयत्न करते हैं। इस प्रणाली में आपसी बातचीत एवं आमने-सामने के सम्बन्ध के आधार पर मनुष्यों की भावनाओं, मनोवृत्तियों, मूल्यों आदि के बारे में बहुत कुछ ज्ञात किया जाता है। इसी कारण सामाजिक अनुसंधान में इस पद्धति का निरन्तर महत्त्व बढ़ता जा रहा है। साक्षात्कार एक निश्चित उद्देश्य की पूर्ति के लिए आयोजित विचारों का आदान-प्रदान है। साक्षात्कार की तकनीक में साक्षात्कार लेने वाला तथा आवेदक आमने-सामने बैठकर मौखिक विचार-विमर्श करते हैं। व्यक्ति आधारित साक्षात्कार में किसी व्यक्ति विशेष का व्यक्तित्व केन्द्र में होता है। प्रश्नकर्ता आमतौर पर ऐसे प्रश्न पूछता है जो उस व्यक्ति के निजी जीवन के बारे में भी सवाल पूछे जाते हैं।

किसी कवि से होने वाला साक्षात्कार देखिए :-

1. आपने कविता लिखना कब से शुरू किया?
2. आपको कौन से विषय पर कविता लिखना सबसे अधिक पसन्द है?
3. किसी पत्रिका में आपकी पहली कविता कब छपी थी, और आपने तब कैसा महसूस किया था?
4. क्या बचपन से ही आपको कविताएँ पसन्द थीं?
5. आपके पिछले कविता-संग्रह के लिए आपको ज्ञानपीठ पुरस्कार मिला, आप कैसा महसूस करते हैं?
6. आपकी अधिकतर कविताएँ देशभक्ति से सम्बन्धित क्यों होती हैं?
7. क्या आप फिल्मों आदि के लिए गीत लिखना भी पसन्द करेंगे।
8. आपको अपनी कौन-सी कविता सबसे अच्छी लगती है?
9. हिन्दी में कौन-सा कवि आपका आदर्श है?
10. आपका आने वाला कविता-संग्रह कौन सा है?
11. अपने पाठकों को आप क्या सन्देश देना चाहेंगे?

अभ्यास

(1) किसी मनपसन्द अभिनेता/ अभिनेत्री से साक्षात्कार के लिए प्रश्न तैयार कीजिए।

(2) रेल दुर्घटना से सम्बन्धित जिज्ञासाओं का समाधान करते हुए अधिकारी व्यक्ति का साक्षात्कार करके लोगों तक उससे सम्बन्धित नवीन जानकारी पहुँचाना।

(3) अपने मनपसन्द खिलाड़ी का साक्षात्कार के लिए प्रश्न तैयार कीजिए।

(4) किसी कार्यालय में नौकरी पाने के लिए साक्षात्कार देनेवाले और लेनेवाले व्यक्तियों के बीच होनेवाला संवाद लिखिए।

प्रतिवेदन (Reporting)

प्रतिवेदन को अंग्रेजी में रिपोर्ट या रिपोर्टिंग कहते हैं। इसका उद्देश्य सम्बन्धित व्यक्तियों को संस्था के कार्य, परिणाम, जाँच या प्रगति की सही-सही तथा पूरी जानकारी देना होता है। अत: किसी योजना, परियोजना या कार्य के नियोजन एवं कार्यान्वयन के नियोजन के पश्चात् उसके ब्यौरे के प्रस्तुतीकरण को प्रतिवेदन या रिपोर्टिंग कहते हैं। जैसे किसी संस्था, सभा, दल, विभाग या विशेष आयोजन की तथ्यात्मक जानकारी। आजकल यह रेडियो, टी.वी. एवं अखबार की विशिष्ट विधा है।

प्रतिवेदन स्पष्ट एवं पूर्ण होना चाहिए। उसकी भाषा न तो अलंकारिक हो और न ही मुहावरेदार हो। उसमें तथ्यों की सूचना होनी चाहिए। किसी भी वाक्य का अन्य अर्थ नहीं होना चाहिए। प्रथम पुरुष (मैं या हम) का प्रयोग नहीं होना चाहिए। सभी तथ्य सत्य, प्रामाणिक एवं विश्वसनीय होना चाहिए। केवल महत्त्वपूर्ण तथ्यों का समावेश हो, तथा संक्षिप्तता हो।

निम्नलिखित उदाहरण ध्यान से पढ़िए–

प्रतिवेदन विषय (शीर्षक) - विद्यालय के वार्षिकोत्सव पर प्रतिवेदन–

(सन्दर्भ पत्र संख्या XXXX)

दिनांक : 17/04/2019

17 अप्रैल, 2019 को केन्द्रीय विद्यालय में वार्षिकोत्सव मनाया गया। पूरे विद्यालय भवन को दुल्हन की तरह सजाया गया। यों तो छोटे बच्चों का कार्यक्रम 2 बजे दिन से ही आरम्भ हो चुका था; किन्तु मुख्य कार्यक्रम संध्या 5 बजे से शुरू हुआ। मुख्य अतिथि XX ने अपने भाषण में इस विद्यालय की कार्यपद्धतियों की जोरदार सराहना की। प्राचार्य महोदय ने शिक्षा के ध्येय और अभिभावकों के कर्तव्यों पर बड़ा ही प्रेरक भाषण किया। सभी कक्षाओं के प्रथम एवं द्वितीय स्थानों पर आये बच्चों, विभिन्न खेलों में विजेता एवं उपविजेता टीमों और शिक्षकों को पुरस्कृत किया गया। रंगारंग कार्यक्रम हुए जिसमें शरद, मनीष, पूजा, शिम्पी, आरती, ऋचा, कोमल, निशान्त आदि छात्र-छात्राओं को विशेष रूप से सम्मानित किया गया।

अभ्यास

(1) 14 सितम्बर को विद्यालय में हिन्दी-दिवस मनाया गया। इस सन्दर्भ में सभा के आयोजन का संक्षिप्त प्रतिवेदन लिखिए।

(2) राष्ट्र और विद्यार्थी विषय पर प्राचार्य की अध्यक्षता में भाषण-प्रतियोगिता के आयोजन का प्रतिवेदन लिखिए।

(3) आप एनिमल लवर्स क्लब के सदस्य हैं जो जानवरों पर होनेवाले अत्याचार को रोककर उनके कल्याण के लिए काम करता है। हाल ही में आपने पशु देखभाल गृह में गया और वहाँ जानवरों के साथ अच्छा व्यवहार देखकर सन्तुष्ट हो गया। इस पर एक प्रतिवेदन लिखिए।

(4) अपने पड़ोस में हुई आग दुर्घटना के प्रत्यक्षदर्शी के रूप में रिपोर्ट लिखें।

अनुवाद

अनुवाद एक साहित्यिक विधा है। एक भाषा की सामग्री का किसी दूसरी भाषा में रूपान्तरण करना ही 'अनुवाद' है। सरल भाषा में कहें तो किसी एक भाषा में व्यक्त विचारों या भावों को किसी अन्य भाषा में व्यक्त करना ही अनुवाद है। संस्कृत के 'वद्' धातु से अनुवाद शब्द का निर्माण हुआ है। वद् का अर्थ है बोलना। 'वद्' धातु में 'अ' प्रत्यय जोड़ देने पर भाववाचक संज्ञा में इसका परिवर्तन रूप है 'वाद' जिसका अर्थ है– 'कहने की क्रिया' या 'कही हुई बात'। 'वाद' में उपसर्ग जोड़कर अनुवाद शब्द बना है, जिसका अर्थ है– 'प्राप्त कथन को पुनः कहना'। हिन्दी में अनुवाद शब्द का प्रयोग अंग्रेज़ी के 'Translation' शब्द के पर्याय रूप में प्रचलित है। मूलभाषा में स्पष्ट विचारों एवं भावों को दूसरी भाषा में व्यक्त करने के लिए दोनों भाषाओं की स्पष्ट जानकारी की आवश्यकता है। अनुवाद में इन दोनों भाषाओं को स्रोत भाषा और लक्ष्य भाषा कहते हैं।

1. स्रोत भाषा :

स्रोत भाषा वह है जिसमें कथित बात को दूसरी भाषा में अनूदित किया जाता है। जिस भाषा की सामग्री अनूदित होती है उसे स्रोत भाषा कहते हैं।

2. लक्ष्य भाषा :

जिस भाषा में अनुवाद करते हैं उसे लक्ष्य भाषा कहते हैं।

अनुवाद के प्रकार

अनुवाद मुख्यतः तीन प्रकार के होते हैं–

1. शब्दानुवाद :

शब्दानुवाद में मूल भाषा का दूसरी भाषा में ज्यों का त्यों अनुवाद किया जाता है। मूल भाषा की योजना और वाक्य विन्यास को यथावत अनुवाद की भाषा में रखा जाता है। यह शब्दः उनका अनुवाद होता है अर्थात वाक्य में प्रयुक्त शब्दक्रम के अनुसार

अनुवाद क्रम में अनुवाद किया जाता है। इससे कई वाक्यों का सही अर्थ ध्वनित नहीं होता और साथ ही साथ कई बार अर्थ का अनर्थ होने की भी सम्भावना रहती है।

2. भावानुवाद :

इस तकनीक में, एक भाषा में लिखे गए वाक्यों का अनुवाद करते समय उनके अर्थ को समझकर एक नये वाक्य में दोबारा व्यक्त किया जाता है। इसमें अनुवादक को प्रस्तुत भाषा के शब्दों और वाक्यों के सही भाव को समझना होता है। यह तकनीक विस्तृत वाक्यों के लिए उपयुक्त होती है।

3. वाक्यानुवाद :

इस तकनीक में, पूरे वाक्य को एकांगी रूप से अनुवाद किया जाता है। यह तकनीक बहुत लम्बे वाक्यों के लिए उपयुक्त होती है।

अनुवाद की प्रकृति के आधार पर अन्य कई भेद किए हैं–छायानुवाद, सारानुवाद, व्याख्यानुवाद (भाष्यानुवाद), रूपान्तरण, आशु अनुवाद, वार्तानुवाद तथा आदर्श अनुवाद आदि। इसी तरह विषयाधार पर भी इसे सरकारी रिकॉर्डों का अनुवाद, गज़ेटियरों का अनुवाद, पत्रकारिता का अनुवाद, विधि-साहित्य का, वैज्ञानिक साहित्य का तथा ऐतिहासिक एवं धार्मिक आदि साहित्य के अनुवाद रूप में विभाजित कर सकते हैं।

साहित्यिक-विधा के आधार पर अनुवाद कई तरह का हो सकता है जिनमें मुख्य है–काव्यानुवाद, नाट्यानुवाद, कथानुवाद (उपन्यास तथा कहानी), निबन्धानुवाद, रेखाचित्रानुवाद, संस्मरणानुवाद तथा रिपोर्ताज आदि के अनुवाद। गद्य-पद्यानुवाद के आधार पर इसे गद्यानुवाद तथा मुक्त छन्दानुवाद आदि वर्गों में रखा जा सकता है। गद्य-पद्यानुवाद के आधार पर इन सभी अनुवादों को मूलनिष्ठ तथा मूलमुक्तक अनुवाद नामक वर्गों में भी रख सकते हैं।

दुभाषिया अथवा बातचीत अनुवाद

दो देशों के बीच वार्तालाप या पत्राचार करने के लिए दुभाषिया अनुवादक की भूमिका बहुत महत्त्वपूर्ण होती है। ऐसे प्रोफेशनल्स को विदेशी भाषा की अच्छी समझ होती है। 'इंटरप्रेटर' का काम तात्कालिक है। एक भाषा में किसी बात को सुनकर, समझकर, उसे तुरन्त दूसरी भाषा में रूपान्तरित कर देते हैं। यह काम मूल भाषा से केवल आधा मिनट पीछे रहते हुए मौखिक तौर पर किया जाता है।

तकनीकी अनुवाद

'अनुवाद प्रौद्योगिकी' भी एक तेजी से विकसित होने वाला क्षेत्र है, जिसमें अनुवाद-प्रक्रिया को सम्पन्न करने के लिए कम्प्यूटर सॉफ्टवेयर और अन्य उपकरणों का सहयोग लिया जाता है। कम्प्यूटर की सहायता से प्राप्त तकनीक के साथ 'अनुवाद' होता है ।इसमें तकनीकी विषयों से सम्बन्धित दस्तावेज़ों का अनुवाद होता है। मानव अनुवादक द्वारा सॉफ्टवेयर की सहायता से प्रक्रिया के कुछ पहलुओं के साथ बनाया जाता है। मशीनी अनुवाद के साथ अनुवाद अधिकतर स्वचालित होता है। इसमें तकनीकी विषयों के शोधपत्र, तकनीकी पुस्तकों का अनुवाद आदि भी सम्मिलित है। इस प्रकार के अनुवाद की मुख्य विशेषता इसमें विशिष्ट पारिभाषिक शब्दावली का होना है। इसके अतिरिक्त सम्बन्धित विषय की जानकारी भी वांछित है अन्यथा कई जगह अर्थ का अनर्थ हो सकता है।

मशीनी अनुवाद

मशीनी अनुवाद शब्द में दो शब्द है–मशीन और अनुवाद। मशीन अनुवाद के संदर्भ में मशीन का अर्थ इलेक्ट्रॉनिक यन्त्र है जिसके प्रयोग से अनुवाद का क्रिया को अंजाम दिया जाता है। यहाँ मशीन का अर्थ कम्प्यूटर, मोबाइल, टेबलेट या किसी अन्य इलेक्ट्रॉनिक यन्त्र से है। अनुवाद वह प्रक्रिया है जिसमें एक भाषा के पाठ को दूसरे भाषा में परिवर्तित किया जाता है। जब अनुवाद की इसी प्रक्रिया को किसी मशीन द्वारा करवाया जाता है तो उसे मशीनी अनुवाद कहता है। मशीनी अनुवाद की मुख्य विशेषता यह है कि इसका प्रयोग आसानी से कहीं भी, कभी भी किया जा सकता है। यह मानव अनुवादक के तुलना में सस्ता है। सबसे बड़ी विशेषता जो मशीन अनुवाद की यह है कि मानव अनुवादक जहाँ अधिक-से-अधिक दो या तीन भाषाओं का अनुवाद करने में सक्षम है वहीं मशीन अनुवाद कई भाषाओं को अनुवाद करने में सक्षम है। गूगल ट्रांसलेट, डीपल ट्रांसलेटर, अमेज़न अनुवाद (Amazon Translate), बिंग माइक्रोसॉफ्ट ट्रांसलेटर, सिस्टरन अनुवाद आदि सर्वश्रेष्ठ मशीन अनुवाद सॉफ्टवेयर है जो सटीक अनुवाद के लिए प्रतिष्ठा हासिल की है।

अनुवादक के गुण

एक अच्छे अनुवादक में सफल अनुवादक बनने के लिए निम्नलिखित गुणों का होना आवश्यक है–

1. अनुवादक को स्रोत एवं लक्ष्य दोनों भाषाओं पर पूर्ण अधिकार होना चाहिए।
2. स्रोत एवं लक्ष्य दोनों भाषाओं का ज्ञान तथा शब्द-भण्डार की जानकारी भी होनी चाहिए।
3. मूल लेखक के कथ्य और आशय को भली-भाँति समझना चाहिए।
4. प्रचलित और सरल भाषा का प्रयोग भी करना चाहिए। साथ ही साथ स्रोत भाषा की सांस्कृतिक और सामाजिक प्रकृति का भी ध्यान रखना चाहिए।
5. अपनी तरफ से कुछ हटाना या जोड़ना नहीं चाहिए।
6. अप्रचलित और जटिल शब्दों के प्रयोग से बचना चाहिए।
7. शब्द-प्रति शब्द अनुवाद करने की प्रवृत्ति से बचना चाहिए। क्योंकि ऐसा करने से मूल के अर्थ की हानि होती है और अभिव्यक्ति सौन्दर्य नष्ट होता है।
8. मूल लेखक तथा मूल रचना से पूर्ण तादात्म्य स्थापित करते हुए रचनाकार तथा रचना के साथ न्याय करना चाहिए।
9. अनुवाद में सरलता एवं स्पष्टता के साथ अपनी बात कहनी चाहिए।
10. स्रोत भाषा के मुहावरों-लोकोक्तियों की, विशिष्ट प्रयोगों की, सूक्तियों, कथनों की गहन समझ बनानी चाहिए।

संक्षेप में हम कह सकते हैं कि अनुवाद का महत्त्व दिन-ब-दिन बढ़ता जा रहा है। अनुवाद के द्वारा ही एक भाषा के पाठक दूसरी भाषाओं के अच्छे ग्रन्थों का अध्ययन करते हैं। इस प्रकार अनुवाद एक कला है, शिल्प है और विज्ञान भी है।

वाक्य अनुवाद

1. बोलो कहाँ जाना है?	Tell me where to go?
2. नहाने का समय हो रहा है।	It is time to take a bath.
3. मेरे कपड़े कहाँ है?	Where are my clothes?
4. अपने पैर मत घसीटो।	Don't drag your feet.
5. मेरे लिए पानी लेकर आओ।	Please bring me a glass of water.
6. खाना चबाकर खाओ।	Chew your foods.
7. अपना अच्छे से ध्यान रखना।	Take care of yourself.
8. मेरे पास और कुछ नहीं है।	I don't have anything else.
9. बहाने मत बनाओ।	Don't make excuses.
10. चलो कुछ नया सीखते हैं।	Let's learn something new.

अंग्रेज़ी में अनुवाद करो।

1. अपने दिमाग का इस्तेमाल करो।
2. तमीज से बात करो।
3. मुझे खाने का मन कर रहा है।
4. आप इसे एक तरफ रख दें।
5. मुझे खुद पर भरोसा है।
6. मुझसे बात क्यों कर रहे हो?
7. ठंडा पानी मत पियो।
8. मेरा समय बर्बाद मत कर।
9. उसके जिम्मेदार तुम हो।
10. आप इससे बच नहीं सकते।

हिन्दी में अनुवाद करो।

1. It's no use going there.
2. The water is running over.
3. I don't have anything else.
4. Where did you pick it from?
5. He might have gone to School.
6. May you succeed in the examination.
7. He is so tired that he cannot work.
8. When the sun rises the darkness goes away.
9. There is a beautiful garden in front of the house.
10. He is singing a song.

संवाद-अनुवाद के नमूने

अनिल : आप कैसे हो?

रमेश : मैं बढ़िया हूँ और आप?

अनिल : मैं ठीक हूँ। आपसे मिलकर अच्छा लगा।

रमेश : बहुत दिनों बाद दिखाई दिये हो आपका काम कैसा चल रहा है?

अनिल : सब बढ़िया है।

रमेश : आप कहाँ पर ठहरे हो?

अनिल : मैं दिल्ली में।

रमेश : इतने दिनों से कहाँ हैं?

अनिल : मैं थोड़ा काम में व्यस्त था।

रमेश : कभी हमारे पास आओ।

अनिल : अभी मैं थोड़ा व्यस्त हूँ, अगली बार आऊँगा।

रमेश : अच्छा फिर मिलते हैं।

Anil : How are you?

Ramesh : I am fine and you?

Anil : I am ok, Nice to meet you.

Ramesh : Long time, not see. How about your work?

Anil : Everything is good.

Ramesh : Where are you putting up?

Anil : I am at Delhi.

Ramesh : Where have you been all these days?

Anil : I was a bit busy.

Ramesh : Ever come to us.

Anil : I'm a little busy right now, will come next time.

Ramesh : Ok see you later.

संवाद का अनुवाद कीजिए।

(1) परीक्षा के पहले की बातचीत।

मल्लिका : कहो प्रीति! परीक्षा की तैयारी कैसी चल रही है?

प्रीति : पूछ मत मल्लिका! मुझे तो डर लग रहा है।

मल्लिका : तभी दुबली-पतली और सूखती जा रही हो।

प्रीति : तू सुना! तुझे जैसे परीक्षा की कोई फिक्र ही नहीं है।

मल्लिका : फिक्र नहीं। मेरी तो तैयारी पूरी है। जब चाहो, परीक्षा ले लो।

प्रीति : तभी तो तुम हट्टी-कट्टी हो।

मल्लिका : वो तो हमेशा रहती हूँ। मैं तो कक्षा में ही ध्यान से पढ़ती हूँ। फिर परीक्षा से डर नहीं लगता।

प्रीति : हाँ! बात तो तुम ठीक कह रही हो।

(2) स्वच्छता अभियान की सफलता

नितिन : ओह! कितनी गन्दगी है? सरकार यों ही स्वच्छता का ढोल पीट रही है।

मुकेश : सरकार को क्यों कोस रहा है? क्या गन्दगी सरकार ने फैलाई है?

नितिन : तू बड़ा सरकार का हमदर्द है।

मुकेश : अरे नहीं। मुझे सरकार से क्या लेना-देना? सरकार ने तो ईमानदारी से सफाई अभियान चलाया है।

नितिन : ठीक बात है। कुछ तो सुधार हुआ है। परन्तु अभी भी बहुत काम बाकी है

(3) परीक्षा भवन के बाहर

अनिल : सुना सुनील। आज का पेपर तो अच्छा हुआ होगा।

सुनील : हाँ, अच्छा हुआ। जो सोचा था, वही आया।

अनिल : अनुच्छेद के विषय कठिन थे।

सुनील : याद किया हुआ तो कोई आया नहीं। पर लिख आया हूँ।

अनिल : आजकल तो विज्ञापन, संवाद, अनुच्छेद और सूचना-लेखन खुद ही लिखने होते हैं।

सुनील : हाँ, खुद लिखने की कोशिश ही ठीक रहती है।

अनिल : वैसे भी कितने विषय रटोगे?

सुनील : ठीक कह रहे हो।

अनुवाद के नमूने : (अंग्रेजी-हिन्दी)

(1) For the propogation of official language Hindi, the government of India has introduced some schemes. Under the scheme, hindi classes are conducted during office hours. Hindi examinations are conducted and those who score high marks are given cash awards. Under this scheme thousands of employees working in various government offices have already obtained cash awards. In Central government offices Hindi week or Hindi fortnight is celebrated every year. In this connection essay competition, quiz programmes etc are conducted and prizes are awarded to winners.

(Propagation-प्रचार, Scheme-योजना, Cash awards-नकद पुरस्कार, Week-सप्ताह, Fortnight-पखवाड़ा, Essay-competition-निबन्ध लेखन, Quiz-प्रश्नोत्तरी, Programmes-कार्यक्रम, Conduct-आयोजित, Prize- पुरस्कार)

राजभाषा हिन्दी के प्रचार के लिए भारत सरकार ने कुछ योजनाएँ बनाई हैं। योजना के तहत कार्यालय समय में ही हिन्दी कक्षाएँ चलायी जाती हैं। हिन्दी की परीक्षाएँ आयोजित की जाती हैं और उच्च अंक प्राप्त करने वालों को नकद पुरस्कार दिए जाते हैं। इस योजना के अन्तर्गत भारत सरकार के विभिन्न कार्यालयों में हज़ारों कर्मचारी नकद पुरस्कार प्राप्त कर चुके हैं। भारत सरकार के कार्यालयों में हर साल हिन्दी सप्ताह या हिन्दी पखवाड़ा मनाया जाता है। इस सिलसिले में हिन्दी में निबन्ध लेखन, प्रश्नोत्तरी आदि कार्यक्रम आयोजित किए जाते हैं और विजेताओं को पुरस्कार दिए जाते हैं।

अंग्रेज़ी से हिन्दी में अनुवाद कीजिए।

(1) Kerala is the smallest state in South India, which is known as 'God's own Country'. This state is famous for its natural beauty. Tourists come to India to enjoy this beauty. Kerala's greenary is very attractive. This beautiful land between the Sahyadri and the Arabian Sea is full of beautiful trees and plants. There are so many small rivers in Kerala. The most spoken language in Kerala is Malayalam.

(God's own Country-ईश्वर का अपना देश, Natural beauty-प्राकृतिक सौन्दर्य, Tourists-पर्यटक, Greenary-हरियाली, Attractive-मन मोहक)

2) APJ Abdul Kalam was a renowned Scientist. He came (to be known as the missile Man of India. He became the 11th president of India in the year 2002. He was born in Rameswaram, Tamilnadu. H. wrote many books including an autobiography' Wings of Fire'. He was the recipient of many prestigious awards including Bharat Ratna in 1997. He lived his life with great simplicity. He was a man of strong willpower. He died on July 27, 2015.

(Renowned-सुप्रसिद्ध, Scientist-वैज्ञानिक, Wings of Fire-अग्नि की उड़ान, Recipient-पानेवाले व्यक्ति, Prestigious Award-प्रतिष्ठित पुरस्कार, Simplicity-सादगी, willpower-इच्छा शक्ति)

3) Munshi Premchand was an amazing literary author. He born in a village referred to as Lamhi. His parents named him 'Dhapat Rai'. He had equal command in each Hindi and Urdu languages. He was skilled in writing novels and story.

He wrote over 300 short stories, 12 novels, essays, plays and translations. His books have been translated into many languages on this planet. That is the reason he is referred to as the 'King of Novel'.

(Amazing-अद्भुत, Literary author-साहित्यकार, Command-अधिकार, Planet-ग्रह)

4) Mohandas Karamchand Gandhi, also called Mahatma Gandhi, is the father of our nation. He was a freedom fighter, national leader and social reformer. He worked tirelessly to make India independent. Famous poet Rabindranath Tagore gave him the title of 'Mahatma'. He was given this name for his non-violent approach to the freedom movement, contributions to social reform and convictions to lead a simple life. The people who followed him loved his ideology of 'Ahimsa' . He believed in self-reliance and made his own clothes which started the Khadi movement.

(Freedom fighter-स्वतंत्रता सेनानी, National Leader-राष्ट्रीय नेता, Social reformer-समाज सुधारक, Tirelessly-अथक, Non-violent-अहिंसावादी, Convictions-प्रतिबद्धता, Ideology-विचारधारा, Self-reliance-आत्मनिर्भरता)

अनुवाद के नमूने : (हिन्दी-अंग्रेज़ी)

जीवन के कई क्षेत्रों में अनुशासन अत्यन्त आवश्यक है। अनुशासन के बिना हम जानवर से भी बदतर हैं। स्कूल के दिनों में विद्यार्थी अनुशासित चरित्रवान होने पर उसके अपने भविष्य की ज़िन्दगी में अच्छे परिणाम होते हैं। परिवार में भी अनुकूल स्थिति को बनाये रखने में अनुशासन बहुत जरूरी है। समाज और राष्ट्र में शान्ति सामरस्य सम्बन्ध बनाए रखने के लिए अनुशासन अत्यन्त आवश्यक है।

Discipline is ve ry essential in every phase of life. Without discipline we are worse than animals. If a student is disciplined and of good character during school days, it has good results in his future life. Discipline is necessary to maintain harmony in a family. It is very important to maintain peace and harmony in society and nation.

हिन्दी से अंग्रेज़ी में अनुवाद कीजिए।

(1) सभ्यता के लक्षणों में समाचार पत्र एक है। कोई राष्ट्र जितना ज्यादा शिक्षित होता, उतनी ही ज्यादा वहाँ समाचार पत्रों की माँग होती है; क्योंकि शिक्षित व्यक्ति

यह जानने के लिए सदा उत्सुक रहता है कि दुनिया में क्या हो रहा है और इसकी जानकारी उसे समाचार पत्रों के माध्यम से ही मिल सकती है। हर प्रकार का स्थानीय और विदेशी समाचार हमें देना समाचार पत्र का प्राथमिक कार्य है। हमारे देश में तथा दुनिया के अन्य देशों में क्या हो रहा है, इसकी सूचना समाचार पत्र हमें देता है। समाचार पत्रों से ही हम दुनिया की महत्त्वपूर्ण और दिलचस्प घटनाओं के बारे में जान सकते हैं।

(2) यह विज्ञान का युग है। वर्तमान समय में विज्ञान में बहुत विकास हुआ है। विज्ञान के कारण से मनुष्य के जीवन में एक प्रकार की क्रांति हुई है। विज्ञान की देन और चमत्कार को कुछ ही बातों में समझाना सम्भव नहीं है। विज्ञान ने वैद्यकीय, यातायात और संवहन के क्षेत्र में अद्‌भुत योगदान दिया है।

(3) किसी भी श्रेष्ठ रचना का उद्‌भव लेखक के मस्तिष्क और हृदय से होता है। वह उसके पृष्ठों में अपने व्यक्तित्व को अंकित कर देता है। अतः सर्वप्रथम यह अपेक्षित है कि हम रचना में समाविष्ट व्यक्तित्व को हृदयंगम करें। हमें उसे (लेखक को) व्यक्ति के रूप में जानना होता है। अतः अपनी पुस्तकों से स्पष्ट मानवोचित रीति से निजी सम्पर्क स्थापित करना हमारा मुख्य और नैरन्तरिका कर्तव्य होना चाहिए। हम प्रथमतः एक योग्य पाठक बनना चाहते हैं, न कि विद्वान्।

4) समाज का जीवन्त इतिहास साहित्य है। समाज की अनुभूतियाँ और उसका संघर्ष ही साहित्य है। समाज से परे साहित्य की कल्पना भी नहीं की जा सकती। साहित्य भविष्य का रूप भी है और सजीवन की स्थापना का माध्यम भी। साहित्य भूत, वर्तमान और भविष्य का संगम है। वह समाज की अक्षय और अमर शक्ति है। जिस जाति के पास जितना समृद्धशाली साहित्य है, वह जाति उतनी ही उन्नत और श्रेष्ठ है। इस तरह साहित्य समाज की कसौटी है, उसका मूल्यांकन है। साहित्यकार नवसृष्टि का प्रणेता है। इस कारण उसकी कर्मभूमि का उत्तरदायित्व सर्वाधिक महत्त्वपूर्ण है। क्योंकि साहित्यकार भावी समाज का मूलतः संस्थापक होता है।

कहानी-अनुवाद के नमूने

The Proud Rose

Once upon a time, there was a beautiful rose plant in a garden. One rose flower on the plant was proud of its beauty. However, it was disappointed that it was growing next to an ugly cactus. Every day, the rose would insult the cactus about its looks, but the cactus stayed quiet. All the other plants in the garden tried to stop the rose from bullying the cactus, but the rose was too swayed by its own beauty to listen to anyone.

One summer, a well in the garden dried up and there was no water for the plants. The rose slowly began to wilt. The rose saw a sparrow dip its beak into the cactus for some water The rose then felt ashamed for having made fun of the cactus all this time But because it was in need of water, it went to ask the cactus if it could have some water. The kind cactus agreed, and they both got through summer as friends

एक बार की बात है, एक बगीचे में गुलाब का एक सुन्दर पौधा था। पौधे पर लगे एक गुलाब के फूल को अपनी सुन्दरता पर गर्व था। हालाँकि, उसे निराशा हुई कि वह एक बदसूरत कैक्टस के बगल में उग रहा था। हर दिन, गुलाब अपने रूप को लेकर कैक्टस का अपमान करता था, लेकिन कैक्टस चुप रहता था। बगीचे के अन्य सभी पौधों ने गुलाब को कैक्टस को परेशान करने से रोकने की कोशिश की, लेकिन गुलाब अपनी सुन्दरता से इतना प्रभावित था कि उसने किसी की भी बात नहीं सुनी।

एक बार गर्मियों में, बगीचे में एक कुआँ सूख गया और पौधों के लिए पानी नहीं रहा। गुलाब धीरे-धीरे मुरझाने लगा। गुलाब ने देखा कि एक गौरैया ने पानी के लिए अपनी चोंच कैक्टस में डुबा दी है। गुलाब को इतने समय तक कैक्टस का मज़ाक उड़ाने के लिए शर्मिंदा महसूस हुआ। क्योंकि उसे पानी की ज़रूरत थी, वह कैक्टस से पूछने गया कि क्या उसे थोड़ा पानी मिल सकता है। दयालु कैक्टस सहमत हो गया, और वे दोनों गर्मियों में दोस्त की तरह रहे।

कहानी का अनुवाद कीजिए।

The Ant and the Dove

On a hot scorching day of summer, an ant was walking around in search of water. After walking around for some time, she saw a river and was delighted to see it. She climbed up on a small rock to drink the water, but she slipped and fell into the river. She was drowning but a dove who was sitting on a nearby tree helped her. Seeing the ant in trouble, the dove quickly dropped a leaf into the water. The ant moved towards the leaf and climbed up on it. The dove then carefully pulled the leaf out and placed it on the land. This way, the ant's life was saved and she was forever indebted to the dove.

The Bear and Two Friends

One day, two best friends were walking on a lonely and dangerous path through a jungle. As the sun began to set, they grew afraid but held on to each other. Suddenly, they saw a bear in their path. One of the boys ran to the nearest tree and climbed it in a jiffy. The other boy did not know how to climb the tree by himself, so he lay on the ground, pretending to be dead. The bear approached the boy on the ground and sniffed around his head. After appearing to whisper something in the boy's ear, the bear went on its way. The boy on the tree climbed down and asked his friend what the bear had whispered in his ear. He replied, "Do not trust friends who do not care for you."

The Thirsty Crow

After flying a long distance, a thirsty crow wandered the forest searching for water. Finally, he saw a pot half-filled with water. He tried to drink from it, but his beak wasn't long enough to reach the water inside. He then saw pebbles on the ground, and one by one, he put them in the pot until the water rose to the brim. The crow then hastily drank from it and quenched his thirst.

The Fox and The Grapes

Once, there was a hungry fox who stumbled upon a vineyard. After seeing the round, juicy grapes hanging in a bunch, the fox drooled. But no matter how high he jumped, he couldn't reach for it. So he told himself that it was probably sour and left. That night, he had to sleep on an empty stomach.

समाचार, विज्ञापन व पोस्टर का अनुवाद

समाचार-अनुवाद

पत्रकारिता अनुवाद, अनुवाद का वह प्रकार है जिसका उपयोग विशेष रूप से समाचार पत्रों में किया जाता है। पत्रकारिता अनुवाद अनुसन्धान, जे. टी. आर.,

जिसे समाचार अनुवाद के रूप में भी जाना जाता है, अनुवाद अध्ययन में अनुसन्धान का एक नया क्षेत्र है। पत्रकारिता के क्षेत्र में अनुवाद की प्रत्येक समय आवश्यकता होती है। किन्तु यह विडम्बना ही है कि हमारे हिन्दी अनुवादकों के पास अनुवाद के लिए अधिक समय नहीं होता है। उन्हें तो दी गई सामग्री का तुरन्त अनुवाद और प्रकाशन करना होता है। यह भी चिन्तनीय है कि यह समाचार किसी भी विषय से सम्बन्धित हो सकता है। यह आवश्यक नहीं कि अनुवादक को उस विषय की पूर्ण जानकारी ही हो। इस प्रकार अनुवादकों के सामने कई समस्या सफल पत्रकारिता के लिए बाधाएँ बनती हैं। उप सम्पादकों आदि को रात-भर बैठकर प्राप्त होने वाले समाचारों को साथ-साथ हिन्दी में अनूदित करके देना होता है। समय के एक-एक मिनट का इतना हिसाब होता है कि अंग्रेजी में प्राप्त सामग्री में कोई शब्द अभिव्यक्ति समझ न आने पर शब्दकोश, ज्ञानकोश आदि देखने या सोचने का वक्त भी प्राय: नहीं होता। किन्तु पत्रकार बहुत कुशल अनुवादक होते हैं, एकदम नए शब्द का भाव समझाकर ही वे काफ़ी अच्छे हिन्दी समानक दे देते हैं। लेकिन कभी-कभी पत्रकार की असावधानी या उसके अज्ञान से अनुवाद में भयंकर भूलें हो जाती हैं। पत्रकार अनुवादक में साधारण ज्ञान तथा विषय को समझने की क्षमता होना परमावश्यक है।

समाचार-अनुवाद का नमूना

Kerala Floods : Death Toll Rises To 37, 25 Landslides Reported

THIRUVANANTHAPURAM : After being pounded by rains for the past few days, there was a brief let-up in the downpour on Saturday. However, the state government remained on high alert with more rains forecast, even as the toll in the monsoon fury since August 8 climbed to 37.

केरल बाढ़ : मृतकों की संख्या 37 हुई, 25 भूस्खलन की सूचना

तिरुवनंतपुरम : पिछले कुछ दिनों से हो रही बारिश के बाद शनिवार को बारिश में थोड़ी कमी आई। हालाँकि, राज्य सरकार अभी भी हाई अलर्ट पर है, क्योंकि आगे भी बारिश होने का अनुमान है। हालाँकि, 8 अगस्त से अब तक मानसून के कहर से मरने वालों की संख्या 37 हो गई है।

समाचार का अनुवाद कीजिए

(1) Twists And Turns : How Argentina Won Their Third FIFA World Cup Title

NEW DELHI : Argentina star Lionel Messi has finally crowned his record-breaking career by winning the FIFA World Cup for the first time on his farewell to the tournament. The summit clash went to the wire with Argentina emerging victorious 4-2 in a penalty shootout against France on Sunday in Qatar.

(2) Chandrayaan-3 Lander on the Moon

NEW DELHI : With the successful landing, India also became the first country to land near Moon's south pole. With the successful landing of the Lander Module of ISRO's third lunar mission Chandrayaan-3, India has reached the Moon! It has also became the first country to land near the Moon's south pole.

(3) Solar mission : Aditya-L1 successfully enters final orbit

NEW DELHI : Aditya-L1 was successfully inserted into the Larange Point 1, one of the five locations in the Earth-Sun system where the gravitational effects of the two roughly cancel each other out. PM, President laud 'extraordinary' feat.

विज्ञापन-अनुवाद

विज्ञापन-अनुवाद एक वाणिज्यिक या प्रचार को, सांस्कृतिक विचारों को ध्यान में रखते हुए एक भाषा से दूसरी भाषा में परिवर्तित करना है। विज्ञापनों के अनुवाद की प्रक्रिया में अलग-अलग विचारों के लिए सामग्री को इस तरह से अनुकूलित करना है जो आपके लक्षित दर्शकों के लिए आकर्षक हो और आपके ब्रांड सार का प्रतिनिधित्व करे। विज्ञापन अनुवाद एक सरल शब्द है जो विभिन्न कार्यों का एक पूरा भार कवर् करता है। विज्ञापन स्वयं बहुत भिन्न होते हैं। कम्पनियाँ बड़े बजट वाले टीवी विज्ञापन, रेडियो विज्ञापन, सोशल मीडिया विज्ञापन, प्रिंट मीडिया विज्ञापन, दूसरों की वेबसाइट पर भुगतान किए गए विज्ञापन और निश्चित रूप से, अपनी खुद की वेबसाइट को विज्ञापन उपकरण के रूप में उपयोग करती हैं।

इस बीच, अनुवाद प्रक्रिया में न केवल विज्ञापन का पाठ शामिल है, बल्कि दृश्य और श्रव्य तत्त्व भी शामिल हैं। विज्ञापन का अन्तिम अनुवाद उसके इच्छित दर्शकों के लिए सबसे उपयुक्त हो।

विज्ञापन-अनुवाद के नमूने

पुरानी साइकिल बिकाऊ है

एटलस साइकिल इंडस्ट्रीज द्वारा मई 2021 में निर्मित, 22 " साइकिल बिकाऊ है। हर प्रकार से सुविधाजनक, आरामदायक और आकर्षक डिजाइन। कोई कमी नहीं। नये टायर-ट्यूब वाली बढ़िया साइकिल।

इच्छुक क्रेता सम्पर्क करें -01234456789

Old Bicycle for Sale

Manufactured by Atlas Cycle Industries in May 2021, 22" bicycle for sale. Convenient in every way, comfortable and attractive design.

Good bicycle with new tyres and tubes.

Interested buyer contact-01234456789

विज्ञापन का अनुवाद कीजिए।

(1) पुराना मकान बिकाऊ है।

250 गज प्लाट पर निर्मित दो मंजिला मकान बिकाऊ है।

नीचे 4 कमरे और ड्राइंग रूम, ऊपर दो कमरे तथा ड्राइंग रूम बने हैं। दस वर्ष पुराने आधुनिक सुविधाओं से युक्त आरामदायक मकान।

खरीदने के इच्छुक क्रेता संपर्क करें -01234567890

(2) दिल्ली पुस्तक मेला

पधारिए।

ए. बी. सी. प्रकाशन

हाल नं. 14

बिक्री केन्द्र 385 पर

हर प्रकार की साहित्यिक, धार्मिक, ज्ञानवर्द्धक, तकनीकी और आधुनिक ई-पुस्तकों के लिए।

दूरभाष : 124345678910 ई-मेल abcprakashan.com

(3) क्या आप दमघोंटू हवा में साँस ले सकते हैं?

क्या आप गन्दगी के ढेर पर जीवन बसर कर सकते हैं?

नहीं न?

- आप अपने पर्यावरण को स्वच्छ रखने में सहयोग दें।
- स्वच्छता और सुन्दरता बढ़ाने में योगदान दें।
- गन्दगी न फैलाएँ। पेड़-पौधे लगाएँ। ये स्वच्छ हवा के कारखाने हैं। ये कारखाने लगाएँ। पर्यावरण बचाएँ।

(4) वेदिक छाता

धूप हो या बारिश रक्षा करे वेदिक छाता

आकर्षक पैकिंग, अनेक डिजाइनों में उपलब्ध

(5) सरल हिन्दी

हिन्दी व्याकरण

विद्यार्थियों के लिए विशेष पुस्तक

- व्याकरण समझाने के सरल और रोचक उपाय।
- उदाहरणों का विपुल भंडार!
- गत परीक्षाओं में पूछे गए प्रश्नोत्तरों का समावेश।

शत प्रतिशत अंक पाने के लिए सरल हिन्दी व्याकरण ही खरीदें।

पोस्टर-अनुवाद

हाल के वर्षों में विज्ञापन हाई-टेक होने के बावजूद 'पोस्टर डिजाइन' अभी भी सबसे लोकप्रिय और प्रभावी मार्केटिंग विधियों में से एक है। चाहे कैफ़े खोलना हो, अपने विश्वविद्यालय के लिए संगीत-समारोह आयोजित करना हो, अच्छे पोस्टर हमेशा आपके विज्ञापन के लिए सबसे अच्छे सिद्ध होते हैं। हालाँकि विज्ञापन-पोस्टर की आकर्षक लिखित सामग्रियों को अपनी इच्छित भाषा में अनुवादित करके ज्यादा लाभ प्राप्त कर सकते हैं। दूसरी भाषा के पोस्टरों की डिजाइन यदि कोई पेशेवर डिजाइनर बनाया हो और आप उसी तरीके से अपनी भाषा में पोस्टर बनाना चाहते हैं तो भाषा के साथ ही अपनी संस्कृति से जुड़े कलात्मक प्रयोगों द्वारा अपने पोस्टर को मौलिकता प्रदान कर सकते हैं, जो किसी भी कॉपीराइट या विवाद से परे होगा। इसमें पोस्टर की पूरी प्रस्तुति का सज्जात्मक रूपान्तरण हो जाता है। भाषागत और सज्जागत रूपान्तरण को ही पोस्टर-अनुवाद का श्रेष्ठ स्वरूप माना जाता है।

एक पोस्टर का उदाहरण 'आइए प्रयागराज के कुम्भ महापर्व में!' इसका अनुवाद अंग्रेजी में है–'Let's attend the Kumbh festival in Prayagraj!'

पोस्टर का अनुवाद-नमूना

SAY NO TO USAGE OF DRUGS

DRUGS ONLY MAKES YOUR LIFE WORSE

नशीली पदार्थों के उपयोग को, न कहें

नशीले पदार्थ केवल आपके जीवन को बदतर बनाते हैं।

पोस्टर का अनुवाद कीजिए।

(1)

(2)

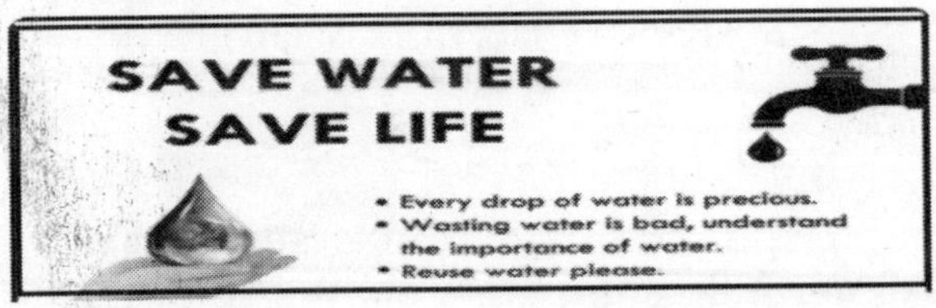

(3)

□□